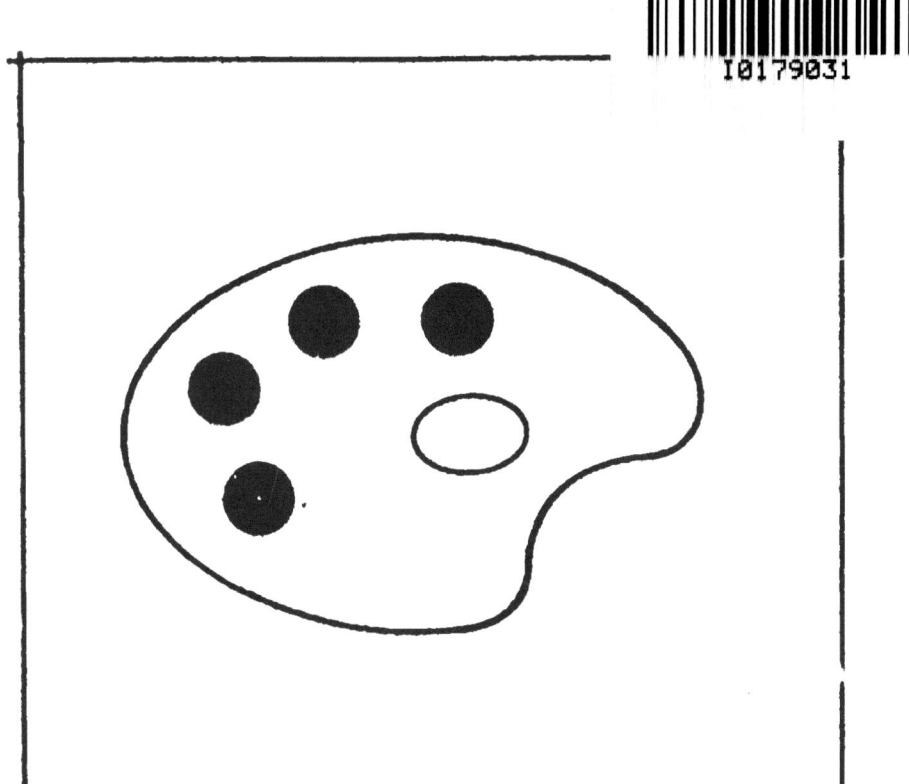

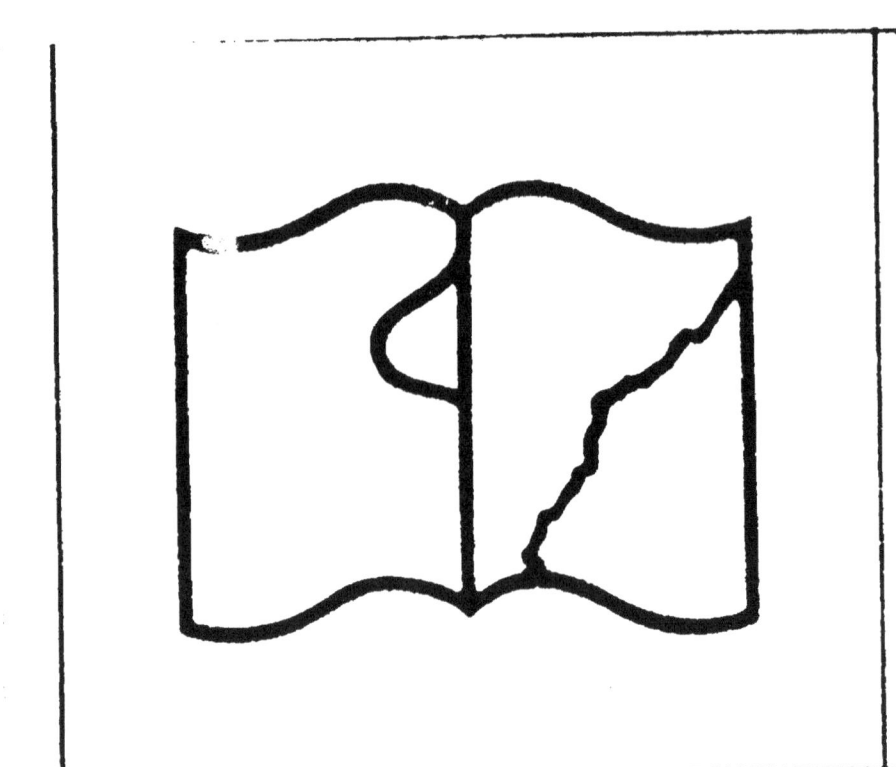

LES

MASSACRES

DE LA SYRIE

DRAME EN HUIT TABLEAUX

PAR

VICTOR SÉJOUR

PARIS
J. BARBRÉ, LIBRAIRE-ÉDITEUR
12, BOULEVARD SAINT-MARTIN, 12

A LA MÊME LIBRAIRIE

NOUVELLE
GALERIE DES ARTISTES DRAMATIQUES VIVANTS

Peints et gravés sur acier par CH. GEOFFROY.

Chaque portrait est accompagné d'une Notice biographique et se vend 50 cent.
85 livraisons sont en vente.

Cet important ouvrage est précédé de : **PLACE AU THÉÂTRE**, introduction, par M. ÉDOUARD PLOUVIER.

FORMAT GRAND IN-18 ANGLAIS

LES MARIAGES D'AMOUR, com. trois actes, par DUBREUIL.	2 »
UN PÈRE PRODIGUE, com. en 5 ac., par Alex. DUMAS fils.	2 »
LE FILS NATUREL, cinq actes, par Alexandre DUMAS fils..	2 »
LA QUESTION D'ARGENT, 5 ac., par Alexandre DUMAS fils.	2 »
LES TROIS MAUPIN, cinq actes, par SCRIBE................	2 »
L'ORESTIE, tragédie, trois actes, par Alexandre DUMAS	2 »
LE TESTAMENT DE CÉSAR GIRODOT, com. en trois actes.	1 50
FRANÇOIS LE CHAMPI, trois actes, par George SAND......	1 50
LE TASSE A SORENTE, trois actes....................	1 50
MAUPRAT, cinq actes, George SAND................	1 50
L'IMAGIER DE HARLEM, cinq actes...............	1 50
FLAMINIO, cinq actes, par George SAND...........	1 50
CLAUDIE, trois actes, George SAND................	1 50
UNE FILLE DE VOLTAIRE, comédie en un acte.......	1 »
ROMULUS, comédie, un acte, par Alexandre DUMAS......	1 »
AU PRINTEMPS, un acte, par LALUYÉ..............	1 »
UN MARIAGE DANS UN CHAPEAU, un acte........	1 »
MAM'SELLE PÉNÉLOPE, opéra-comique en un acte.......	1 »
LE BONHEUR CHEZ SOI, un acte..................	1 »
LA COMÉDIE A FERNEY, un acte................	1 »
LE DOUTE ET LA CROYANCE.................	50
BROSKOVANO, deux actes, par SCRIBE et BOISSEAUX...	1 »
LA SAINT-HUBERT, un acte	1 »
LE CORDONNIER DE CRÉCY	1 »
LE MARI DE LA VEUVE, comédie en un acte........	1 »
LE LIÉVRE ET LA TORTUE, comédie en un acte.....	1 »
LA REINE DE LESBOS, drame antique en un acte.....	1 »
LA CONQUÊTE DE MA FEMME, comédie en trois actes....	1 »
LA VIE EN ROSE, cinq actes....................	1 »
UN CONSEIL D'AMI, comédie, par Alfred POURCHEL........	1 »
MADAME LOVELACE, trois actes, par Lambert THIBOUST..	1 »
LE DÉMON DE LA NUIT, opéra en deux actes, par BAYARD.	1 »
LE BRAS NOIR, pantomime en vers, Ferdinand DESNOYERS.	1 »
UN PARI BISCORNU, un acte, par Paul de KOCK et ROYER..	» 60
LES PECCADILLES DE VALENTIN, comédie-vaud, un acte.	» 60
LE CALIFE DE LA RUE SAINT-BON, scène de la vie turque.	» 60
MADAME BIJOU, un acte.....................	» 60
LA MARIÉE AUX ÉPINGLES, comédie en un acte........	» 60
JANOT CHEZ LES SAUVAGES, folie-vaudeville en un acte.	» 60
JEAN LE SOT.............................	» 60

Paris. — Typ. Walder, rue Bonaparte, 44.

LES
MASSACRES DE LA SYRIE

DRAME

Représenté pour la première fois, à Paris, sur le Théâtre impérial du Cirque, le 28 décembre 1860.

PARIS. — IMPRIMERIE WALDER, RUE BONAPARTE, 44.

LES
MASSACRES
DE LA SYRIE

DRAME EN HUIT TABLEAUX

PAR

VICTOR SÉJOUR

PARIS
J. BARBRÉ, LIBRAIRE-ÉDITEUR
12, BOULEVARD SAINT-MARTIN, 12

A L'HOMME D'ÉTAT

AU SPIRITUEL ÉCRIVAIN

A MON ÉMINENT COLLABORATEUR

M. MOCQUARD

SECRÉTAIRE ET CHEF DU CABINET DE L'EMPEREUR

V. S.

PERSONNAGES

ABD-EL-KADER	MM. Dumaine.
BEN-YACOUB	Jenneval.
DAOUB-KAIBAR	Clément-Just.
GEORGES	P. Deshayes.
PAPILLON	Colbrun.
ALI-BEY	Donato.
CONSUL FRANÇAIS	Hodin.
BEN-RESCHID	Boileau.
PIERRE DE MORÉAC	Ed. Galland.
LE PÈRE SIMON	Arondel.
SIDI-SADOK	Mangin.
YOULEF	Georges D.
SAID-HAMED	Noel.
HASSIM	Cochet.
ISMAIL	Max-Durand.
UN PRISONNIER	Noailles.
UN OFFICIER FRANÇAIS	Esclozas.
LE CONSUL ANGLAIS	Faillot.
LE FELLAH	Laurent.
LE CONTEUR DES RUES	Raimbault.
UN TURC	Pizzera.
UN DROGMAN	Nérault.
UN GARÇON DE CAFÉ	Rougemont.
NIEL-ROZ	Branche.
PATOU	Aubry.
UN MARONITE	Darcourt.
UN OFFICIER TURC	Langlois.
CAVALIER CHRÉTIEN	Louis.
UN NOTABLE	Lécolle.
GULNARE	Mmes Adèle Page.
Mme DE MORÉAC	Clarisse-Miroy.
LE D'JEMMALA	Chateau.
MARTHE	Thais-Petit.
AISSA	Belin.
KÉIRA	Berton.
SŒUR DE CHARITÉ	Cassard.

Turcs, Maronites, Drusés, Français, Femmes, Peuple, Soldats.

La scène se passe en Syrie en 1860.

LES
MASSACRES DE LA SYRIE

PREMIER TABLEAU.

LA FERME DE MORÉAC.

COUR INTÉRIEURE D'UNE RICHE FERME ORIENTALE.

Un puits dans un coin. Au fond, une échappée laissant voir le ciel de la Syrie. Au lever du rideau, la ferme est en pleine activité ; on rentre les blés et les foins que les garçons de ferme reçoivent de la porte du fond et transportent dans les greniers intérieurs en sortant par la gauche. Les garçons de ferme sont vêtus, les uns à la française, les autres à la mode bretonne ; quelques-uns dans le goût du pays.

SCÈNE PREMIÈRE.

MARTHE, LE PÈRE SIMON, LES OUVRIERS.

Marthe prépare une petite collation sur un plateau. Le père Simon est assis du côté opposé ; il lit son bréviaire. Les ouvriers achèvent de rentrer les blés.

MARTHE, à des sœurs de charité.

Entrez, mes sœurs, entrez... nous aurons l'honneur de vous servir nous-mêmes.

(Les sœurs entrent à droite.)

LE PÈRE SIMON.

Noble cœur !...

1.

MARTHE.

Ces pieuses et saintes sœurs de charité! (Au père Simon.) Deux d'entre elles sont de Bretagne comme nous, mon père. Nous avons causé du pays. Mais elles ont l'âme si haute et si détachée de nos passions, qu'elles retrouvent leur patrie partout où la souffrance les réclame. Vous avez bien fait de nous avoir choisis pour leurs hôtes. (Prenant un panier.) Aussi, vais-je cueillir pour elles les plus beaux fruits de nos jardins. Venez-vous m'aider, mon père?

LE PÈRE SIMON, se levant.

Avec plaisir, mon enfant.

(Ils sortent.)

SCÈNE II.

NIEL-ROZ, LES OUVRIERS, PATOU, puis PAPILLON.

NIEL-ROZ, passant à Patou le dernier sac.

Voilà. (Descendant la scène.) Et ce Papillon qui ne vient pas!... il a oublié que c'est aujourd'hui dimanche, je parie!...

PATOU.

Le fainéant, son rasoir est toujours en retard.

NIEL-ROZ.

Il a inventé la paresse.

PAPILLON, entrant.

Inventé la paresse?... on doit parler de moi; bonjour, mes amis!...

TOUS, avec satisfaction.

Ah!

PAPILLON, s'essuyant le front.

Je suis en eau!...—je viens de rencontrer Ben-Yacoub... vous savez, le Maughrabin... il rôdait encore aux environs. En voilà un que je ne voudrais pas tenir au bout de mon rasoir... de peur de céder à la tentation.

(Il fait le geste de couper.)

NIEL-ROZ, s'asseyant.

Allons, le rasoir au vent, et dépêchons!...

TOUS, s'arrêtant.

Non, à moi! — à moi, d'abord! — je suis le doyen... A moi! — à moi! à moi!...

PAPILLON, se bouchant les oreilles.

Ah! bon Dieu!... et moi qui suis venu chercher en Orient le silence... le calme!... Quand vous aurez fini j'écouterai.

(Ils se taisent.)

PATOU, tapant sur l'épaule de Papillon.

Toujours le mot pour rire.

PAPILLON, lui donnant la main.

Tiens, Patou; toi, ici? je croyais que ta femme t'avait coupé les ailes?

PATOU.

Elle est morte à la peine.

NIOL-ROZ.

Vous causerez quand nous serons rasés. (criant.) Papillon! Papillon!...

PAPILLON.

On y va!... (A Patou tout en repassant son rasoir.) Mais voyons, comment es-tu ici... chez M. de Moréac?... qui t'a conduit dans le Liban?

PATOU.

Les passions, Papillon.

PAPILLON, commençant par Niel-Roz.

Ah! les passions!... Je sais ce que c'est. J'ai aussi une passion malheureuse, moi : la passion de la paresse... et, tu vois, je suis condamné à ce nettoyage quotidien pour pouvoir dîner.

NIEL-ROZ.

Un nettoyage?

PAPILLON, lui reprenant le nez et continuant à le raser.

Mais je suis conséquent avec moi-même : mes deux plats gagnés... le café et le pousse-café... je ne fais plus rien.

NIEL-ROZ.

Les bons principes!...

PAPILLON.

Comme si sous ce beau ciel où les moissons poussent toutes seules, les dîners ne devraient pas pousser tout faits!... Mais il y pousse surtout des barbes.

NIEL-ROZ.

Aïe!

PAPILLON.

Vous vous êtes coupé!... voilà ce que c'est que de gigotter sous un rasoir.

NIEL-ROZ.

Mais c'est vous!...

PAPILLON.

Moi?... Alors, c'est bien... ça rentre dans mes attributions... J'y suis fait.

(Il passe au second.)

NIEL-ROZ.

Mais finissez-moi donc?

PAPILLON.

Encore!...

NIEL-ROZ, montrant sa joue.

Voyez!...

PAPILLON.

Bon, elle a poussé d'un côté, votre barbe, pendant que je la rasais de l'autre.

(Il veut passer à l'autre.)

NIEL-ROZ.

Vous me feriez croire...

PAPILLON, le reprenant.

Vous me paierez double, c'est convenu. (Le rasant.) Dieu sait comme elle est plantée!

NIEL-ROZ.

N'allez-vous pas dire que ma barbe est mal plantée, à présent?

PAPILLON, le rasant.

Ah! non, je ne le dirai pas; je ne le dirai pas non plus aux porcs-épics... Ne bougez donc pas... Raconte-nous ton histoire, Patou?

(Il rit.)

PATOU.

Elle est bien simple... J'aimais...

PAPILLON, l'interrompant.

L'amour!... j'ai eu aussi cette passion-là... là-bas, tu sais, à Paris... O Paris! mais j'y perdais ma jeunesse!... j'ai levé le pied, et me voici!... En touchant la terre de Syrie, j'ai été dévalisé.

PATOU.

Juste comme moi.

PAPILLON, s'exaltant.

Mais n'importe, j'étais en Syrie, en plein Orient, la terre des voluptés!... ma tête tournait.

L'OUVRIER, avec terreur.

Vous allez me couper!...

PAPILLON, lui prenant le nez.

Après? — Je rêvais de femmes blanches, jaunes, noires... beaucoup... un harem... quoi!... Eh bien, je n'ai encore vu que des eunuques et des femmes voilées... pas la moindre petite grisette musulmane.

PATOU, lui serrant la main.

Je te plains.

PAPILLON.

Merci... — Enfin, raconte-nous ton histoire. (Il passe à un troisième.) Mais sois bref... dans ce pays on parle le moins possible... C'est une fatigue même que d'écouter..., te voilà prévenu... va, mon cher... va...

NIEL-ROZ.

Quel bavard!...

PATOU.

Je...

PAPILLON, continuant.

Il fait si chaud, vois-tu. Oh! le soleil!... moi, je l'aime!... j'ai parfois des envies de me fourrer dans des trous de muraille pour avoir plus chaud. Avant d'être homme, j'ai dû être lézard.

NIEL-ROZ.

Pour un lézard, tu pouvais être assez bien; mais comme homme il y a du déchet.

PAPILLON, haussant les épaules.

Du déchet, parce que je n'ai pas six pieds six pouces!... Est-il bête!...

UN MARONITE.

A moi!...

PAPILLON, prenant sa barbe.

Ah!... voilà une belle barbe à couper au moins.

LE MARONITE, ôtant son turban.

Non, la tête.

PAPILLON.

Vous couper la tête?

LE MARONITE, tapant sur son crâne nu.

Ma barbe est là.

PAPILLON.

Ah! c'est différent. (Le rasant. A part.) Quel genou! (Haut.) Avez-vous entendu dire?...

LE MARONITE, le regardant.

Moi?...

PAPILLON, lui baissant la tête.

Mais non. (Tout en rasant.) Avez-vous entendu dire que les Druses de la Bekkaa s'étaient réunis en armes sur le Djebel-Sunnin?... Il faut y veiller, voyez-vous. Non-seulement ils détestent les Maronites, mais ils en veulent à tous les chrétiens du Liban.

NIEL-ROZ.

Bien, bien, nous leur prouverons que le petit arsenal du père Moréac est encore en bon état, et que nos fusils ne sont pas chargés de grains de blé.

PAPILLON.

Comme tu y vas, toi! tu as donc été militaire?

NIEL-ROZ.

J'ai été garde national.

PAPILLON.

Ça ne m'étonne plus. (Achevant de raser.) Voilà!... (On le paie. Comptant son argent, à part.) Café et pousse-café... ça y est... (haut.) A demain les autres barbes!...

(On entoure Papillon avec des menaces et des cris.)

NIEL-ROZ.

Chut! mademoiselle de Moréac.

(Marthe revient avec le père Simon.)

PATOU, à Papillon.

Tu vas nous raser ou nous allons t'assommer!

PAPILLON.

M'assommer!... allons donc!... j'ai assez travaillé... bonsoir!

(Il sort, suivi des ouvriers furieux.)

SCÈNE III.

MARTHE, LE PÈRE SIMON, puis MADAME DE MORÉAC.

MARTHE, au père Simon.

Oh! ce ne sera rien... Papillon se plait parfois à les taquiner..

MADAME DE MORÉAC, entrant.

Dépêche-toi, Marthe...

MARTHE.

Oui, mère.

MADAME DE MORÉAC.

Ces saintes filles ont besoin de réparer leurs forces; puis, l'heure de l'office approche...— Tu leur feras une petite provision pour la route.

(Elles s'occupent de la collation.)

MARTHE.

Oui, mère... — Elles reprennent donc bientôt leur voyage?

MADAME DE MORÉAC.

Oui, ce soir; elles sont attendues à l'hôpital de Damas.

MARTHE, à part.

Leur vie a un but du moins!...

MADAME DE MORÉAC, au père Simon.

Elles ont manifesté des craintes à propos des Druses du Kesraouan... elles exagèrent le danger, n'est-ce pas, mon révérend?

LE PÈRE SIMON.

Non, ma sœur, une haine mortelle existe entre les Druses et les Maronites : haine de parti, parce que les Druses exècrent la France et que les Maronites nous aiment; haine de mœurs, parce qu'ils pillent et que les Maronites travaillent; haine de religion, parce qu'ils sont idolâtres et que les Maronites sont chrétiens... Elles ont raison de trembler.

MARTHE, à part.

Elles ne reculent pas, elles n'hésitent pas, pourtant!...

MADAME DE MORÉAC.

A quoi penses-tu, Marthe?

MARTHE.

A rien, ma mère... à rien.

(Elle achève de préparer la collation)

MADAME DE MORÉAC, à part.

Elle n'est plus la même, la pauvre enfant, depuis la mort de son fiancé... A quoi peut-elle rêver?... Hélas!...

(Elle va à elle; Georges entre.)

SCÈNE IV.

Les Précédents, GEORGES.

GEORGES, posant son fusil dans un coin.

Me voilà!... (Embrassant sa mère et sa sœur.) Chère mère!... bonne

sœur! (Au père Simon, en souriant:) On est chasseur, mon révérend...
et malgré le dimanche... (Lui donnant la main.) Vous nous pardonnez,
n'est-ce pas?...

LE PÈRE SIMON.

Une fois n'est pas coutume, mon enfant

GEORGES, aux femmes.

Tiens, mais où est Gulnare?

MARTHE.

Elle est allée chercher de l'eau à la fontaine.

GEORGES.

Pourquoi cela?... N'avons-nous pas nos gens?

MADAME DE MORÉAC.

C'est juste... Gulnare doit être regardée comme ma fille...

MARTHE.

Tu sais si elle m'aime et si je l'aime à mon tour... mais je renonce à lui faire comprendre qu'elle est ici chez elle. Elle a une sorte de fierté sauvage qui la contraint, pour ainsi dire, à se rendre utile. Elle respire plus à son aise après un service rendu.

GEORGES.

J'aime cette fierté, moi!

MADAME DE MORÉAC.

Non, Georges, c'est mal, et...

MARTHE.

Oh! ne va pas la gronder, chère mère... aujourd'hui du moins...
Elle s'est levée, ce matin, soucieuse et triste. Elle a, par moments,
des lueurs étranges dans les yeux et comme des tressaillements
d'idée qui la font pâlir tout à coup. On dit que les filles de sa
race sont ainsi lorsqu'un malheur les menace.

MADAME DE MORÉAC, *soupirant.*

Oui, des pressentiments!... Mais que peut-elle craindre?

GEORGES.

Elle n'est peut-être pas heureuse parmi nous?
(Gulnare vient d'entrer. Elle a une sorte d'amphore posée sur son épaule et un petit panier de fruits à son bras droit; elle s'est arrêtée dans le fond et écoute.)

SCÈNE V.

LES PRÉCÉDENTS, GULNARE.

GULNARE.

A merveille, Georges me calomnie... (Envoyant des baisers à madame de Moréac et à Marthe.) Oh! très-heureuse, ma mère!... très-heureuse, ma sœur!

GEORGES, *à part, avec émotion.*

Oh!...

MARTHE, *la débarrassant de l'amphore.*

Tu as été longtemps absente?

GULNARE.

J'ai été dans la montagne... j'ai voulu mêler mon offrande à la vôtre, et fêter aussi la bienvenue à ces nobles filles de France.
(Elle lui donne le panier de fruits.)

MARTHE.

Ah! c'est bien, ma sœur, c'est bien!

MADAME DE MORÉAC, *à Marthe.*

Allons, dépêchons!
(Elle enlève le plateau.)

GEORGES, *à Marthe.*

Laisse-moi quelque chose à faire, au moins. (Il prend le panier de fruits apporté par Gulnare; les deux femmes sortent; Georges à Gulnare en passant, avec émotion.) Au revoir, Gulnare!

GULNARE.

Au revoir, Georges!

(Georges sort.)

SCÈNE VI.

LE PÈRE SIMON, GULNARE.

GULNARE, à part.

Lorsque je lui parle, je sens mon cœur tout entier qui s'élance vers lui!... Mais non... non... ce secret mourra avec moi. (Haut, au père Simon.) Ils sont heureux du bien qu'ils font, n'est-ce pas, mon père?

LE PÈRE SIMON.

Ce sont des Bretons, mon enfant... race pieuse et dévouée!

GULNARE.

Pour moi-même que n'ont-ils pas fait?... moi, pauvre enfant trouvée... pauvre fille druse ramassée dans la montagne, au pied d'un arbre autour duquel rôdaient déjà les loups?... ils m'ont élevée comme leur fille; et si je ne suis pas chrétienne à cette heure, c'est qu'ils ont poussé la pudeur du bienfait jusqu'à vouloir laisser à ma raison le choix de mon Dieu!

LE PÈRE SIMON, paternellement et en souriant.

Il faudra cependant se prononcer bientôt?

GULNARE, gravement.

J'y pense, mon père... j'y pense.

(Elle s'assied au bas de l'escalier et réfléchit.)

LE PÈRE SIMON, à part.

Elle a l'âme assez pure pour être chrétienne, mon Dieu, éclairez-la.

(Il sort.)

SCÈNE VII.

GULNARE, puis BEN-YACOUB.

GULNARE, absorbée.

Chrétienne!... moi!... n'est-ce pas mon amour pour Georges qui rend sa religion plus sainte à mes yeux et son Dieu meilleur?

(Entre Ben-Yacoub.)

BEN-YACOUB, à part, en apercevant Gulnare.

C'était bien elle!... Quel pouvoir cette femme exerce sur moi!... je tremble en la voyant... (Comme entraîné malgré lui vers elle.) Oui, je t'aime!... je t'aime!... je t'aime!...

(Il se penche en frémissant vers elle.)

GULNARE, avec épouvante en apercevant Ben-Yacoub penché sur elle et la couvrant du regard.

Ah!

BEN-YACOUB, suppliant.

Oui, c'est encore moi... Oh! ne me fuis pas!

GULNARE.

Que me voulez-vous?

BEN-YACOUB, de même.

Je ne veux rien... Mais laisse-moi te regarder.

GULNARE.

Ah! cet homme!

(Elle veut s'en aller.)

BEN-YACOUB, lui barrant le passage.

Reste!... reste!... (Avec emportement.) Mais non... fais ce que tu veux... va où il te plaît d'aller... va... va... je te suivrai, car je veux te parler!

GULNARE, se levant.

Vous voulez?

BEN-YACOUB.

Par l'éternité de Hackem notre Seigneur et Dieu, oui, et je peux ce que je veux! Oh! tu vois encore en moi Ben-Yacoub le montagnard, Ben-Yacoub le Maùghrabin, Ben-Yacoub le colporteur de joyaux et d'étoffes, selon que tu te souviennes des déguisements que j'ai pris jusqu'ici pour pénétrer jusqu'à toi... Mais je ne suis plus cela, Gulnare... L'homme qui te parle en ce moment est l'élu des Akkals, le chef des tribus druses, l'émir de la montagne. Du Liban à l'Anti-Liban, pas une tribu, pas une montagne, Druse ou Métoualis, ne s'agitera sans mon ordre, et pas une n'hésitera si je lui dis : Marche!... Je suis la main qui les relie, la volonté qui les mène. Je ne t'en dis pas davantage; mais souviens-toi que l'épouse de Ben-Yacoub sera plus vénérée qu'une reine et plus puissante que la favorite du sultan. Je t'aime, tu le sais. Tu avais peut-être trop de fierté pour encourager cette sorte d'aventurier du désert qui te recherchait; tu dédaignais peut-être le Maughrabin impuissant... le marchand... le batteur d'estrade... Mais encore une fois, cet homme est mort... Je peux plus et je vaux mieux... C'est Ben-Yacoub, la main droite d'Allah, qui mets son cœur à tes pieds... Ben-Yacoub qui seras fier de baiser les plis de ta robe, et qui s'humilie devant toi!

(Il tombe à ses pieds.)

GULNARE.

Je t'ai dit que je ne t'aimais pas.

BEN-YACOUB.

Si tu n'aimes personne, tu pourrais un jour m'aimer.

GULNARE.

Je ne t'aimerai jamais.

BEN-YACOUB, se relevant.

Jamais! mais dis donc tout de suite que c'est le giaour que tu aimes... et que Georges de Moréac...

GULNARE, avec dignité.

Georges de Moréac est mon frère d'adoption; sa mère a remplacé ma mère; sa maison est la mienne; depuis dix-sept ans je mange son pain et son sel, respecte-le devant moi.

BEN-YACOUB, menaçant.

Tu l'aimes!... ah! prends garde, alors, prends garde!

GULNARE.

Des menaces!

BEN-YACOUB, humblement.

Non... non!... Tu manges ici le pain de l'aumône... Retourne à la montagne où ces chrétiens t'ont soustraite... ta place est parmi les frères...

GULNARE.

Ceux que tu accuses m'ont ouvert leur seuil quand mes parents même me repoussaient.

BEN-YACOUB.

Leur pitié ne détruit pas en toi le caractère sacré de ta race. Tu es musulmane. Écoute, Gulnare... oui, écoute l'avis que je te donne... Quitte cette maison... je ne reparaîtrai plus devant toi, si tu veux, mais fuis... tu n'es pas encore initiée aux mystères de ces impies, oh! fuis... fuis, te dis-je!

GULNARE.

Tu me conseilles l'ingratitude, Ben Yacoub... tu ne pouvais me conseiller qu'un crime.

(Elle veut s'éloigner.)

BEN-YACOUB, se mettant devant elle.

Ne t'en va pas! Tu ne vois donc pas que je veux te sauver! la lutte de l'Occident et de l'Orient va sonner... Nous serons écrasés par les giaours... ou nos ennemis seront anéantis par nous!... Comprends-tu, maintenant?

GULNARE.

Le salut avec les tiens? non... la mort avec mes bienfaiteurs, oui : je reste! je reste

BEN-YACOUB.

Eh bien! non, cela ne sera pas... tu te ferais chrétienne... tu mourrais peut-être avec eux... cela ne sera pas .. cela ne sera pas!

GULNARE.

Qui donc m'en empêcherait?

BEN-YACOUB.

Je t'aime assez pour te sauver malgré toi!... Oh! tu pourras blasphémer mon Dieu si tu veux... tu peux me maudire... mais je t'aime... tu es à moi... je te sauverai!

GULNARE.

J'appelle!

BEN-YACOUB, s'élançant vers elle.

Ne crie pas!
(Il lui ferme la bouche avec sa main et veut l'entraîner. Georges paraît.)

SCÈNE VIII.

Les Précédents, GEORGES.

GEORGES, poussant un cri.

Ah!

BEN-YACOUB, tirant son yatagan.

Le giaour!...

GEORGES, se jetant sur sa carabine.

Misérable!...

GULNARE, se jetant entre eux.

Malheureux!...

BEN-YACOUB, à Gulnare.

Ton regard me désarme... qu'il me fasse sauter le crâne, s'il veut..
(Il remet son yatagan au fourreau.)

GEORGES, à Ben-Yacoub.

Va-t'en.

BEN-YACOUB, à part.

Je croyais pourtant bien haïr les infidèles, mais, dans celui-là, je hais quelque chose de plus que le chrétien.

GEORGES, menaçant.

Ne repasse jamais le seuil de cette porte.
(Daoub-Kaïbar est entré depuis un moment.)

SCÈNE IX.

Les Précédents, DAOUB-KAÏBAR.

DAOUB-KAÏBAR.

Oh! les jeunes gens!... toujours la menace à la bouche... toujours les armes à la main.

GEORGES.

Daoub-Kaïbar!

DAOUB-KAÏBAR.

Oui, Daoub-Kaïbar, le vieil ami de ton père. (Montrant Ben-Yacoub.) Qu'est-ce que cet homme?

GEORGES.

Moins que rien... un vagabond qui attentait à la liberté de Gulnare.

(Mouvement de Ben-Yacoub.)

DAOUB-KAÏBAR, à Ben-Yacoub.

Tais-toi!... que demandes-tu? ta place est dans la montagne... parmi tes égaux.

BEN-YACOUB, bas.

Compris.

DAOUB-KAÏBAR, bas.

Au grand ravin!...

BEN-YACOUB, bas.

Les Maronites sont armés et les Moréac aussi.

DAOUB-KAÏBAR, bas.

Je réponds de tout. (haut.) Tu peux t'excuser tout haut, je suis l'ami des Moréac... leur ami. (bas à Ben-Yacoub en passant.) Il y a de la besogne là-bas, va-t'en.

BEN-YACOUB, haut.

Tu me renvoies dans ma montagne, j'y retourne. (Du seuil de la porte à Georges.) Au revoir, Georges de Moréac!... je ne repasserai plus ton seuil... mais tu entendras parler de Ben-Yacoub. Adieu!

(Il sort.)

GEORGES.

Il me brave!...

GULNARE, le retenant.

Georges!...

SCÈNE X.

GULNARE, GEORGES, DAOUB-KAIBAR.

GEORGES.

J'aurais dû lui loger une balle dans la tête!

GULNARE, le désarmant.

Georges!... (elle pose le fusil dans un coin) au nom du ciel, au nom de vos parents qui vous sont si chers, n'excitez pas la vengeance de cet homme!

DAOUB-KAÏBAR, à Georges

J'attendrai ton père si tu le permets?

GEORGES.

Faites, monsieur, faites...
(Daoub-Kaïbar va s'asseoir sur une natte de jonc dans un coin. Il tire son chapelet et roule les grains entre ses doigts, tout en suivant de l'œil les mouvements des deux jeunes gens.)

GEORGES, bas à Gulnare.

Il vous aime, n'est-ce pas, Gulnare?

GULNARE.

Je l'avoue.

GEORGES.

Pourquoi rougissez-vous? Mais cet homme que je hais est peut-être un honnête homme?

GULNARE.

Il vous aurait assassiné pourtant.

PREMIER TABLEAU.

GEORGES.

Vous n'avez jamais encouragé son audace?

GULNARE.

Jamais...

GEORGES, lui pressant la main.

Oh! merci!...

GULNARE.

Pourquoi cela?

GEORGES.

Rien! rien!... (A part.) Elle ne l'aime pas!...

(Daout-Kaïlar n'a pas quitté Georges et Gulnare des yeux.)

DAOUB-KAÏBAR, à part, avec un rire satanique.

Eh! eh! eh!... Pauvres fous qui songent au bonheur quand Ben-Yacoub les épie.

(Arrive Marthe.)

SCÈNE XI.

Les Précédents, MARTHE.

MARTHE, à Georges.

Frère, il y a là une pauvre Nubienne exténuée de fatigue; dois-je la faire entrer?

GEORGES.

Sans doute.

MARTHE, allant au fond.

Venez... venez!...

(La D'Jemmala-D'Jezzar paraît. Elle est vêtue d'une façon bizarre; tout en elle provoque la surprise et même l'effroi ; une sorte de burnous à raies sombres est jetée sur ses épaules. — Mouvement général d'horreur.)

SCÈNE XII.

Les Précédents, LA D'JEMMALA.

GULNARE, avec terreur.

Ciel !...

DAOUB-KAÏBAR, à part.

La D'Jemmala !

MARTHE.

Nous ne vous demandons pas votre nom... vous êtes chez Pierre de Moréac, vous êtes chez vous...

LA D'JEMMALA, reculant.

Pierre de Moréac, le fils des croisés !

MARTHE.

C'est mon père ; il est absent depuis dix jours, il est de l'autre côté du Liban, pour affaires. Nous l'attendons. Mais encore une fois vous êtes chez vous, restez.

LA D'JEMMALA.

Mon cheval s'est abattu... j'épuise mes forces... mais les Akkals ne veulent rien des giaours ! ils sont attendus au grand ravin !... La terre que foulent les chrétiens tremble ; les toits qui les couvrent croulent... insensés qui offrent le pain et le sel aux Akkals... les Akkals refusent et vous maudissent !...

MARTHE se serrant contre Georges avec terreur.

Oh !...

GEORGES.

Rassure-toi... c'est l'impuissance et le fanatisme turcs qui s'épuisent en de vains cris!...

LA D'JEMMALA.

L'impuissance!... l'impuissance!... Bien, les Akkals s'en souviendront! (Avec fureur.) Oh! les giaours!... les giaours !

(Elle s'en va en agitant ses deux bras au-dessus de sa tête.)

DAOUB-KAÏBAR, à part.

L'imprudente! elle finira par donner l'éveil!... (Haut.) Ne dirait-on pas un oiseau de proie?... (A part.) Prévenons-la.

(Il sort en dissimulant sa sortie.)

SCÈNE XIII.

Les Précédents, moins LA D'JEMMALA.

GEORGES.

C'est au moins la D'Jemmala D'Jezzar.

TOUS.

La D'Jemmala D'Jezzar!

GEORGES.

Oui, l'orgie du crime, la débauche du meurtre; une légende pour les uns, une réalité terrible pour moi. D'abord, D'Jemmala D'Jezzar veut dire chamelière-boucher. Son premier nom lui est venu de son premier mari qui était chamelier au Caire, et qu'elle a tué parce qu'il s'était fait chrétien.

TOUS.

Ah!...

GEORGES.

Le second d'un chef barbare des tribus de la Bekkaa. Ce chef ayant été tué dans une attaque contre une ville chrétienne, elle rassembla les fuyards et, comme une furie, comme le génie du massacre, elle les poussa aux murailles; la première elle escalada les murs.. elle parcourut les rues en hurlant, tuant, pillant, saccageant... et comme la nuit était sombre, elle fit mettre le feu aux quatre coins de la ville pour mieux voir.

TOUS, avec horreur.

Horrible!...

GEORGES.

Elle n'est retournée dans ses montagnes qu'après avoir cloué une pancarte sur un poteau avec cette inscription : LA D'JEMMALA A PASSÉ PAR ICI, REGARDEZ ET TREMBLEZ, GIAOURS!... Depuis, elle est renommée parmi les Druses et commande elle-même ses bandits.

MARTHE.

Nous accompagnes-tu à la messe?

GEORGES.

Oui.

MARTHE.

Alors, dépêche-toi.

(Ils sortent tous.)

SCÈNE XIV.

GULNARE, MARTHE.

MARTHE, à Gulnare absorbée.

De quoi es-tu silencieuse et pâle?...

GULNARE.

Des paroles de cette femme.

MARTHE.

Je comprends...

GULNARE.

Il y a des choses qui échappent à notre entendement : ces paroles de la D'Jemmala, je les ai entendues en songe cette nuit ; j'étais sur le Djebel-Sunnin, l'un des plus hauts sommets des montagnes du Kesraouan. Des flots de piques marchaient dans la vallée, des guerriers s'agitaient sur leurs coursiers dont les sabots résonnaient au loin, les peuples tremblaient. Une Nubienne passa et parla, — comme celle qui vient de passer et de parler. — Aussitôt, piques, chevaux et peuples se mêlèrent dans un immense tourbillon de cris, de sang, de sanglots, de meurtres, de carnage. L'incendie balayait les villes de ses ailes rouges. La Nubienne repassa et parla : aussitôt un fleuve de sang s'échappa d'Hasbeiya, passa par Saïda et s'engouffra dans Deïr-el-Kamar; puis se précipita jusqu'à Damas dont les murs s'abaissaient comme pour lui faire un lit!... les mêmes cris, les mêmes sanglots montèrent vers le ciel, qui, cette fois, s'assombrissait du côté de l'occident. La Nubienne repassa et parla : alors l'incendie reparut, et quatre-vingts villages disparurent, et les enfants étaient égorgés sur les genoux de leurs mères, et les prêtres étaient poignardés au pied des autels, et j'étais au milieu de cadavres qui me regardaient avec des yeux creux et me parlaient avec des lèvres collées à leurs dents; et tous disaient : Les Francs ne sont pas revenus! Un seul se redressa en agitant ses bras comme des ailes de vautour, et dit : Les voilà! et il retomba, et il était mort!... (Pause.) Te voilà silencieuse et pâle comme moi... Tu crois donc aux rêves?

MARTHE.

Non, ma sœur, non!...

(Madame de Moréac entre suivie de Georges et du père Simon.)

SCÈNE XV.

Les Précédents, MADAME DE MORÉAC, puis GEORGES.

MADAME DE MORÉAC, entrant,

Marthe... Marthe... mais nous arriverons après l'office, mon enfant !

(Elle lui donne son chapeau. On entend dans le lointain des cris.)

MADAME DE MORÉAC, tressaillant.

Qu'est-ce que cela ? (Regardant.) Moréac !... Ah ! mon Dieu, que se passe-t-il donc ?

(Elle remonte la scène et se rencontre avec Moréac qui arrive accompagné d'une partie des travailleurs; les sœurs de charité reparaissent.)

SCÈNE XVI.

Les Précédents, PIERRE DE MORÉAC, GEORGES, PAPILLON, MADAME DE MORÉAC, LE PÈRE SIMON, LES SŒURS DE CHARITÉ, NIEL-ROZ.

MADAME DE MORÉAC.

Tu as le visage bouleversé ?...

MARTHE.

Pourquoi ce trouble, mon père ?

GEORGES.

Quel malheur vous a frappé ?

MORÉAC.

Ah ! mes enfants !

MADAME DE MORÉAC.

Qu'as-tu donc ? Sommes-nous ruinés ? Eh bien ! mon ami, qu'est-ce qu'une question d'argent, quand tous les objets de notre affection sont là, près de nous, en sûreté.

(Elle montre ses enfants.)

MORÉAC.

Mais ils ne sont pas là, tous nos frères qui sont morts... ils ne sont pas là, ceux qui vont périr encore peut-être !...

MARTHE.

Du sang !

GEORGES.

Des meurtres !

MORÉAC, vivement à Niel Roz.

Niel-Roz, prends mon meilleur cheval... va prévenir le caïmacan maronite d'Hasbeiya que les Druses ont rompu la trêve et qu'il ait à se tenir sur ses gardes !

PAPILLON, s'avançant.

Non, moi, monsieur de Moréac... Niel-Roz peut être utile ici... D'ailleurs, je suis bon catholique et chrétien, ça me regarde un peu aussi ?...

MORÉAC.

Soit, à cheval, à cheval !

PAPILLON.

J'ai eu peur des coups de fusil jusqu'ici, on verra maintenant !

(Il sort; on s'est pressé autour de Moréac.)

MORÉAC.

Tout un village à feu et à sang, pour un mouton disparu ou volé !

TOUS, avec horreur.

Oh !

MORÉAC.

Dans le Kesraouan, à mi-côte du massif de Maas-el-rent.

TOUS.

Mon Dieu !

MORÉAC.

Les Druses de la Bekkaa s'étaient mêlés aux pâtres du Djebel-Sunnin... Ils accusaient les Maronites... ceux-ci ont essayé de se défendre par la persuasion... Mais, les menaces éclatant, ils ont tenté de repousser la force par la force.

GEORGES.

C'était leur droit.

MORÉAC.

Le droit de mourir : ils ont été tués, massacrés !

TOUS.

Horreur !

MORÉAC.

J'ai vu ce désastre, j'ai vu ces crimes!... Toute une population de vieillards et de femmes décimée et fuyant éperdue à travers des cadavres!... Où sont donc les jeunes gens! m'écriai-je... Pourquoi ne sont-ils pas là pour combattre?

GEORGES, à part.

Ils y seront...

MADAME DE MORÉAC, bas à Moréac.

Regarde ton fils et tais-toi.

MORÉAC, continuant.

La première loi, c'est l'humanité; le premier devoir, c'est le courage et le dévouement.

MADAME DE MORÉAC.

Regarde ton fils... regarde ta fille, et tais-toi, te dis-je.

MORÉAC, continuant.

Mais à mon âge, on n'est bon qu'à lever des mains suppliantes vers le ciel. Oh! la vieillesse, la vieillesse!

GEORGES, à part.

Je suis jeune, moi, et je n'ai pas une famille pour paralyser mon bras.

(Il sort.)

UNE SŒUR DE CHARITÉ, à madame de Moréac.

On aura sans doute plus que jamais besoin de nous à Damas madame... Merci de votre bonne hospitalité, et au revoir.

MADAME DE MORÉAC, aux sœurs.

Un instant! (Au père Simon.) Devant tant de dangers, en présence de tant de périls, il serait peut-être imprudent que ces saintes filles reprissent leur route, mon père?

LE PÈRE SIMON.

Dieu les conduira. Nous sommes des soldats aussi, les soldats de la foi et de la charité. La défaillance, la lâcheté, l'apostasie, voient s'ouvrir mille routes devant elles, le devoir n'en a qu'une.

MARTHE, à part.

Le devoir! oui! oui!...

(Elle sort. Papillon revient.)

SCÈNE XVII.

Les Précédents, PAPILLON.

PAPILLON, entrant.

Monsieur! monsieur!...

MORÉAC.

Eh bien!

PAPILLON.

Ben-Reschid descendait sa montagne... il me suit en toute hâte... il recrute des soldats... Hasbeiya est menacée !

BEN-RESCHID, paraissant au fond.

Oui, Hasbeiya est menacée.

SCÈNE XVIII.

Les Précédents, BEN-RESCHID.

BEN-RESCHID, à Moréac.

Je viens te demander secours.

MORÉAC.

Parle.

BEN-RESCHID.

Les vautours à face humaine qui ont dévasté les villages voisins planent déjà sur notre ville. Tu as des ouvriers nombreux et braves ; eh bien ! tous ceux qui ne sont pas réclamés impérieusement par les besoins les plus urgents de ton travail, je te les demande ?... Ce ne sont pas seulement des soldats que je viens chercher ici, ce sont des sauveurs.

MORÉAC.

Ben-Reschid, je vais transmettre tes vœux à mes braves jeunes gens... je les connais, il faudra plutôt les contenir que les exciter. Mais le délégué de l'autorité ottomane, Daoub Kaïbar, ne doit-il pas répondre de tous les sujets du sultan, quel que soit leur culte ?

BEN-RESCHID.

Daoub-Kaïbar ?

MORÉAC.

Oui.

BEN-RESCHID, avec force et ironie.

Daoub-Kaïbar!... il est le délégué du sultan, mais il est aussi la monstrueuse incarnation de cet infâme parti qui pousse la Turquie à sa ruine... parti douteux... vénal... furieux... pour qui la dissimulation est une vertu, la perfidie une loi, le meurtre une gloire, et qui connaît tous les fanatismes, même celui de l'abjection et de la peur! N'attendons rien de cet homme... l'ennemi le plus à craindre n'est pas celui qui combat, mais celui qui trahit. Daoub-Kaïbar est un danger.. Ne comptons que sur nos frères et sur Dieu!

MORÉAC.

Bien! — Lorrec, sonnez la cloche, et que tous les ouvriers se réunissent. — Niel-Roz, vide l'arsenal.

(Les ouvriers accourent.)

SCÈNE XIX.

Les Mêmes, les Ouvriers, puis GEORGES, GULNARE.

MORÉAC.

Amis, on tue, on égorge les chrétiens... on égorge nos frères!... Hasbeiya a besoin de défenseurs!... En est-il parmi vous qui consentent à quitter le travail pour la seule chose qui soit plus sacrée encore... le combat pour une sainte cause?

TOUS.

Moi!... moi!... moi!...

MORÉAC.

Tous! j'en étais sûr! Mais il faut pourtant qu'il me reste des ouvriers. Eh bien! je garde les hommes mariés, les pères de famille... Le péril, c'est l'affaire des jeunes gens... des hommes encore isolés dans la vie.

(Niel-Roz revient chargé d'armes et suivi d'hommes qui en portent aussi.)

NIEL-ROZ, jetant les armes par terre.

Voilà! voilà!

PAPILLON, prenant un fusil.

Allons donc!

(Les ouvriers se jettent sur les armes et s'arment à la hâte. Georges revient, il est en costume moitié de chasse, moitié de voyage ; il a l'épée au côté et son fusil à la main.)

GEORGES.

Oui, mon père, l'affaire des jeunes gens... des hommes encore isolés dans la vie!

PAPILLON.

Un de plus, bravo!

GEORGES, touchant son épée.

Mais vous le voyez, je n'ai pas attendu que vous me dictiez mon devoir pour le comprendre.

MADAME DE MORÉAC.

Mon fils! Grand Dieu!... tu nous abandonnes?

GEORGES.

Il le faut... embrasse-moi, mère, et adieu !

(Il embrasse sa mère.)

GULNARE, à part.

Lui aussi!

MADAME DE MORÉAC, à Moréac.

Et tu le laisses partir?

MORÉAC, essuyant une larme.

Je ne me fais pas plus fort que je ne suis, femme; je pleure aussi, tu vois; mais là où il y a un Français, l'honneur de la France est engagé : la France ne doit pas répudier sa mission : protection aux faibles, dévouement aux droits. (Serrant la main de Georges.) Va où il faut que tu ailles, fils, adieu!

MADAME DE MORÉAC.

Hélas !

(Entre Marthe.)

MARTHE.

Bénissez-moi, ma mère... je pars avec ces saintes filles.

MADAME DE MORÉAC.

Toi aussi?... Oh! les enfants, c'est par leur ingratitude qu'ils nous apprennent à quel point nous les aimons!... (L'embrassant.) Marthe... Marthe!... oh! c'est impossible!

MORÉAC.

Oui, impossible!... Je ne le veux pas! je ne le veux pas !

MARTHE.

Qui donc plus que moi doit soigner mon frère s'il est blessé?

MORÉAC.

Ah!

MARTHE.

Mon père! ma mère! .. c'est Dieu qui le veut.

GULNARE.

Adieu, Georges... adieu, Marthe... adieu, ma sœur... (Elle les embrasse. Pause.) Je me ferai chrétienne pour pouvoir prier le même Dieu que vous!

GEORGES.

Laisse-moi te choisir ton nom chrétien, Gulnare! tu te nommeras Marie... Marie de Moréac, si je reviens. (A ses hommes.) J'ai une chrétienne de plus à défendre, compagnons!... à la montagne

TOUS.

A la montagne!

GEORGES.

J'ai du sang de croisés dans les veines... Je les sens tous autour de moi, mes aïeux!... les premiers, les plus grands... ceux qui allaient l'épée au flanc, la croix sur la poitrine, à la délivrance de Jérusalem!... aujourd'hui, comme autrefois, c'est la croisade de la civilisation contre la barbarie ; et comme autrefois, le cœur de la France doit battre d'orgueil et nous crier : Dieu et le devoir l'ordonnent, marchez!...

TOUS.

Vivent les Moréac! vivent les Moréac!

(Entre Daoub-Kaïbar.)

DAOUB-KAÏBAR, paraissant.

Déposez vos armes... je suis le délégué du sultan.

BEN-RESCHID.

Daoub-Kaïbar!

SCÈNE XX.

Les Précédents, DAOUB-KAIBAR.

DAOUB-KAÏBAR.

Je laisse tomber l'injure et la calomnie pour ne songer qu'au bien de tous. Laissez au sultan le soin de venger ses sujets. Vos représailles ne seraient qu'une provocation à de plus grands malheurs. J'en jure par Allah, justice sera faite. Je réponds de la vie des Maronites sur ma tête. Encore une fois, bas les armes !

(Chacun dépose ses armes. Daoub-Kaïbar fait un signe ; des soldats à lui accourent et gardent la maison.)

DAOUB-KAÏBAR, montrant les soldats.

Vous voyez, j'aurais pu exiger par la force ce que j'ai obtenu par la prière.

(Les soldats enlèvent les armes.)

BEN-RESCHID, à part.

Nous sommes condamnés!

DAOUB-KAÏBAR, à Georges.

Georges, vos armes?... eh bien?

GEORGES.

Eh bien!... non... Quelque chose me dit qu'il faut désormais dormir debout et la main sur son épée... Non! non!

DAOUB-KAÏBAR.

De la rébellion?

GEORGES.

J'ai mon épée, je la garde, j'ai mon fusil, je l'emporte... qu'on ose me les prendre!...

(Mouvement des soldats. Daoub-Kaïbar les calme du geste.)

DAOUB-KAÏBAR, à Moréac.

Je veux bien épargner ton fils.

GEORGES, à Ben-Reschid.

Viens! viens!

MADAME DE MORÉAC, tendant les bras à Guinare.

Ma fille!

(Les deux femmes se jettent dans les bras l'une de l'autre en sanglotant.)

DAOUB-KAÏBAR, à part.

C'est assez pour aujourd'hui. Allons, Ben-Yacoub sera content de moi.

(Ils sortent.)

DEUXIÈME TABLEAU.

LE GRAND RAVIN.

Un immense ravin dont la riche végétation contraste avec les pentes arides par lesquelles on y descend. Des Arabes-Bédouins sont couchés çà et là devant leurs tentes. — Ben-Yacoub est debout, au fond, appuyé sur son cheval, dont il caresse machinalement la crinière, Ali-Bey l'observe. — Au sommet le plus élevé un spahis en vedette avec sa lance de roseau à la main. — Une énorme peau de tigre, à droite, est étendue devant la tente de Ben-Yacoub : c'est un lit de repos. A gauche, un grand arbre sur un précipice. — Au-delà, le désert.

SCÈNE PREMIÈRE.

BEN-YACOUB, ALI-BEY, LES BÉDOUINS.

ALI-BEY, à Ben-Yacoub.

Tu as été nommé par les Akkals émir et sultan de la montagne... tu attends les douze chefs druses pour leur transmettre les ordres... le massacre des chrétiens est résolu... tu as l'honneur de nous commander, et ton front est soucieux?... Que te manque-t-il donc, ou que crains-tu?

BEN-YACOUB, étendant la main.

Vois-tu, là-bas, au-delà de la vallée, dans la plaine haute, cette maison blanche qui sourit au soleil... l'air est si transparent qu'on croirait pouvoir la toucher de la main... et elle est bien loin pourtant?

ALI-BEY.

A trois heures de marche pour un piéton, à vingt minutes pour un cavalier : c'est la ferme de Moréac.

BEN-YACOUB.

Ali-Bey, dans cette ferme, la seule femme que j'ai aimée respire. Elle se nomme Gulnare. Je donnerais mon plus beau cheval, celui-ci, Ali-Bey, pour savoir ce qu'elle pense et fait en ce moment.

ALI-BEY.

Tes désirs sont des lois.

(Il s'éloigne.)

BEN-YACOUB, rêvant.

Gulnare!... Gulnare!... ah! comme je t'aime!

(Daoub-Kaïbar vient d'arriver.)

SCÈNE II.

BEN-YACOUB, DAOUB-KAÏBAR.

DAOUB-KAÏBAR.

Tant pis!

BEN-YACOUB.

Je t'attendais.

DAOUB-KAÏBAR.

L'amour est une défaillance : l'homme qui aime est à moitié vaincu.

BEN-YACOUB.

Rassure-toi : chez Ben-Yacoub, le guerrier passe avant l'amant... l'épée avant le cœur...

DAOUB-KAÏBAR.

Tu es ambitieux, je te crois. — Voici.

(Il lui donne un papier.)

BEN-YACOUB.

Ton consentement au massacre?

DAOUB-KAÏBAR.

Lis.

BEN-YACOUB, après avoir lu.

Bien... je te réponds de mes hommes maintenant... 'attends les douze scheikhs.

DAOUB-KAÏBAR.

Les dangers se révèlent d'eux-mêmes. J'ai observé Georges de Moréac et je te dis : Défie-toi de cet homme, il est à craindre.

BEN-YACOUB.

Je m'en charge.

DAOUB-KAÏBAR.

Ta jalousie et ta haine te l'avaient déjà dénoncé, c'est bien. Il est le lieutenant de Ben-Reschid. Il traversera dans une heure le désert; il se rend à Damas près du consul de France; il est chargé de documents graves contre nous. Sa mission est d'intéresser les consuls au sort des Maronites. L'homme et les documents doivent disparaître. Qu'en penses-tu ?

BEN-YACOUB.

Je pense comme toi.

DAOUB-KAÏBAR.

Les chrétiens ont mis leurs trésors en commun dans le but d'une défense commune; il doit savoir où sont ces trésors.

BEN-YACOUB.

Je comprends... mon camp commande quatre routes; on ne peut passer de la plaine à la montagne ni de la montagne à la plaine sans rencontrer Ben-Yacoub en chemin. Cependant, pour plus de sûreté, je vais envoyer mes éclaireurs.

(Il fait un signe, des hommes accourent, il leur parle bas ; les hommes disparaissent vivement en grimpant à droite et à gauche du ravin.)

DAOUB-KAÏBAR, *tirant un second papier de sa poche.*

Quant au massacre, voici la marche à suivre.

BEN-YACOUB, *après avoir parcouru les premières lignes.*

A merveille. Mais quelle garantie nous offrez-vous?

DAOUB-KAÏBAR.

On désarmera les chrétiens.

BEN-YACOUB.

Quel concours?

DAOUB-KAÏBAR.

Notre inaction.

BEN-YACOUB.

Quel appui?

DAOUB-KAÏBAR.

Les faits accomplis, nous répondrons du reste.

BEN-YACOUB.

Comment! pas un soldat? comment les troupes ottomanes se croiseront les bras quand l'étendard de la guerre sainte sera levé?

DAOUB-KAÏBAR.

Je te réponds d'elles. Seulement sauvons d'abord les apparences. Les apparences, Ben-Yacoub, les apparences... Tout est là.

BEN-YACOUB.

Tu crains les Français?

DAOUB-KAÏBAR.

Comme on craint l'ennemi qu'on voudrait égorger.

BEN-YACOUB.

Ils sont loin; mais ils ont des escadres; et, demain, ces escadres peuvent vomir sur nos côtes des légions de soldats.

DAOUB-KAÏBAR.

L'Angleterre a aussi des escadres.

BEN-YACOUB.

Elle sera pour nous?

DAOUB-KAÏBAR.

Peut-être.

BEN-YACOUB.

Mais ils peuvent s'entendre?

DAOUB-KAÏBAR.

La France est une idée, l'Angleterre un comptoir.

BEN-YACOUB.

Mais les consuls?

DAOUB-KAÏBAR, avec un rire étrange.

Les consuls?... Cinq lions enfermés dans la même cage : ils ont une proie à dévorer, ils ne s'entendront jamais sur les morceaux.

LE SPAHIS, du haut de la montagne.

Maître, les douze scheikhs arrivent.

(Il agite la houppe de soie de sa lance.)

DAOUB-KAÏBAR.

Adieu... je ne connais que toi, ne l'oublie pas.

BEN-YACOUB.

Te reverrai-je?

DAOUB-KAÏBAR.

A l'heure nécessaire, au temps marqué : je suis la pensée, je suis l'âme de la Turquie.

(Il s'en va en toussant.)

BEN-YACOUB, *haussant les épaules de pitié.*

L'âme de la Turquie!... Moribond, à moins qu'elle n'ait comme toi un pied dans la tombe, tu as menti!

(Arrivent les douze scheikhs à cheval; ils s'arrêtent, la lance en arrêt, sur les crêtes de la montagne. — La D'Jemmala-D'Jezzar est parmi eux.)

SCÈNE III.

BEN-YACOUB, LES SCHEIKHS DRUSES, LA D'JEMMALA-D'JEZZAR.

LES SCHEIKHS.

Nous voilà, Ben-Yacoub!

BEN-YACOUB.

Vous êtes toujours les intrépides soldats et les disciples résolus du dieu Hackem?

LES SCHEIKHS.

Oui!

BEN-YACOUB.

La poudre va parler et les glaives boiront du sang, descendez!
(Les douze cavaliers descendent au galop et se rangent en demi-cercle autour de Ben-Yacoub.)

BEN-YACOUB, *solennellement.*

Par l'éternité de Hackem, notre Seigneur et Dieu, je réponds du sultan des Osmanlis, et la dernière heure des chrétiens a sonné!

LA D'JEMMALA-D'JEZZAR.

La guerre sainte! la guerre sainte!...

DEUXIÈME SCHEIKH.

Oui, la guerre sainte!... Les montagnes et les vallées

nous verront!... je me charge d'Hasbeiya : il y a là un émir de la famille de Shebah que je hais ; l'émir compris, je ne laisserai pas une maison chrétienne debout, ni une tête de ceux qui font le signe de la croix. J'ai deux mille hommes qu'on nomme la Horde des Loups... Je me charge d'Hasbeiya !...

LA D'JEMMALA-D'JEZZAR.

Je me nomme la D'Jemmala, je me nomme la D'Jezzar !..... Mes hommes, et j'en ai trois mille, ont déjà bu du sang des chrétiens. C'est moi qui ai poignardé le moine qui officiait l'an dernier dans un couvent à mi-chemin de Deïr-el-Kamar, et qui ai étranglé et jeté dans la rivière Damor, près de Damas, deux jeunes mariés qui se souriaient dans une touffe de térébinthes. Je me charge de Saïda!...

TROISIÈME SCHEIKH, en montrant les deux cavaliers qui sont à ses côtés.

Nous, de Zahleh : on nous reconnaîtra aux cris des vaincus ; nous ne laisserons pas pierre sur pierre si Daoub-Kaïbar nous laisse faire.

TROIS SCHEIKHS.

Nous nous chargeons de Deïr-el-Kamar!

SIXIÈME SCHEIKH.

Nous, de Beyrouth!

SEPTIÈME SCHEIKH.

Nous, de Damas!

HUITIÈME SCHEIKH.

Nous, de Tripoli!

BEN-YACOUB.

Bien! et je serai partout, moi!... Oui, Damas, Beyrouth, Tripoli! la triple clef qu'il nous faut!... — Nous sommes les soldats, les élus du dieu Hackem... Il nous a appelés par la voix des Akkals, nous voilà!... Ceux qu'il a condamnés périront!... Ils périront par le fer, par l'eau, par le feu!... Le toit où ils poseront les pieds dans leur fuite s'écroulera pour les écraser... le flot qui leur aura donné refuge s'entr'ouvrira pour les engloutir!... Mort aux chrétiens ! mort aux giaours !...

TOUS.

Mort aux chrétiens ! mort aux giaours !..

BEN-YACOUB, étendant son bras.

Par l'éternité du dieu Hackem, devant ce soleil qui nous éclaire, par cette épée, nous jurons que notre fils le plus cher, s'il était chrétien, mourrait !

TOUS.

Il mourrait !

BEN-YACOUB.

La mère qui nous a allaités, le père qui nous a engendrés, la maîtresse ou l'épouse que nous aurions choisie, fût-elle plus aimée et plus douce à notre cœur que l'ombre et la fraîcheur des bois, s'ils étaient chrétiens, mourraient !

TOUS.

Ils mourraient !

BEN-YACOUB, étendant la main sur son épée.

Par l'éternité du dieu Hackem, nous le jurons.

TOUS, étendant la main.

Nous le jurons !

BEN-YACOUB.

Bien, allez maintenant !... Au premier signal... au signal convenu, à l'œuvre !

PREMIER SCHEIKH, partant au galop.

A Hasbeiya !

(Il disparaît au galop.)

LA D'JEMMALA-D'JEZZAR.

A Saïda !
(Elle disparaît au galop en agitant ses bras et avec un rire sinistre.)

LES AUTRES.

A Zahleh ! à Tripoli ! à Beyrouth ! à Deïr-el-Kamar !
(Ils disparaissent au galop.)

SCÈNE IV.

BEN-YACOUB, seul, les suivant des yeux avec satisfaction.

Les voilà partis!... On dirait une bande de vautours à la recherche d'une immense proie!... Que ne ferait-on pas avec de tels hommes!... Et je suis leur chef!... Mon cœur n'a-t-il pas raison de s'élargir pour contenir mon orgueil?... Un pas de plus, enfin, et je suis pacha!... Mehemet-Ali a bien été vice-roi d'Égypte qu'avait-il de plus que moi, ce marchand?... Ah! si ma part de puissance doit se mesurer à mon ambition et à mon orgueil, je ferai trembler un jour même le padischah des Osmanlis.

(Ali-Bey revient.)

SCÈNE V.

BEN-YACOUB, ALI-BEY, puis un des éclaireurs.

BEN-YACOUB.

Que faisait-elle? t'a-t-elle parlé? l'as-tu vue?

ALI-BEY.

Elle n'était plus dans la ferme... elle était dans une église...

BEN-YACOUB, tressaillant.

Dans une église!

ALI-BEY.

A genoux, vêtue de blanc...

BEN-YACOUB.

Gulnare!...

ALI-BEY.

Elle attendait le prêtre..... elle se consacre au Dieu des chrétiens!

DEUXIÈME TABLEAU.

BEN-YACOUB.

Chrétienne !... elle ?... Ah ! malheureux !... et mon serment !... Et tu ne t'es pas jeté entre elle et leur autel ?... et tu ne l'as pas arrachée des mains de ces giaours ?... Mais il fallait la sauver malgré elle !... Ah ! elle est perdue, Ali-Bey, elle est perdue !

ALI-BEY.

Le prêtre était retenu au chevet d'une mourante, nous arriverons peut-être encore à temps pour prévenir ce malheur !

BEN-YACOUB, avec emportement.

Que ne le disais-tu ?... Allons, en route, Ali-Bey, en route !
(L'Éclaireur accourt.)

L'ÉCLAIREUR, l'arrêtant.

Maître... maître...

BEN-YACOUB, voulant partir.

C'est bien !

L'ÉCLAIREUR.

Georges de Moréac !

BEN-YACOUB, s'arrêtant.

Georges de Moréac !.. mon rival... mon rival aimé !

L'ÉCLAIREUR.

Il se dirige de ce côté... Dans dix minutes, il sera à la portée de nos carabines !

BEN-YACOUB, marchant à grands pas.

Que faire ?... Gulnare d'un côté... cet homme de l'autre !... (Comme frappé d'une idée, à Ali-Bey.) Tu m'es dévoué, n'est-ce pas ?

ALI-BEY.

A donner ma vie sans regret pour toi.

BEN-YACOUB.

Oui, tu me l'as prouvé ! Eh bien ! Ali-Bey, charge-toi de Gulnare... L'extermination des chrétiens est résolue.. je l'ai jurée... Le devoir m'enchaîne ici, sauve la, sauve-la !...

ALI-BEY.

N'importe à quel prix?

BEN-YACOUB.

A travers des flots de sang, s'il le faut !

ALI-BEY.

Elle sera bientôt près de toi, ou Ali-Bey aura vu sa dernière heure.

(Il s'éloigne.)

SCÈNE VI.

BEN-YACOUB, L'ÉCLAIREUR.

BEN-YACOUB, à part.

C'est un autre moi-même. Je peux encore espérer. (A l'éclaireur.) Approche ! — Son escorte est-elle nombreuse ?

L'ÉCLAIREUR.

Cinq hommes.

BEN-YACOUB.

Choisis cinq de mes meilleurs tireurs; qu'ils se glissent à plat ventre et sans bruit, comme des serpents, dans les crevasses et les plis de la montagne. Nous avons plus d'un poste où l'on peut tout voir sans être vu : à chaque tireur, un homme; et pour chaque homme abattu un medjidié d'or, va.

(L'éclaireur s'éloigne.)

SCÈNE VII.

BEN YACOUB, seul.

Georges de Moréac !... le hasard ne pouvait mieux me servir.

DEUXIÈME TABLEAU.

(S'étendant sur sa peau de tigre.) Il a toujours été mon complice, du reste. — Dieu fasse qu'Ali-Bey arrive à temps! (Coup de feu.) Un!... — S'il arrivait trop tard... si elle avait déjà adopté le Dieu des chrétiens!... (Coups de feu.) Deux!... — Eh bien! je serai parjure pour elle... et malheur à celui qui me le rappellerait!... (Coups de feu.) — Trois... quatre!... — Cinq!... (Écoutant.) Pas un de plus!... (Se couchant.) Avec des tireurs pareils, on n'a qu'à vouloir et à ordonner.

(Arrive Georges pâle et défait.)

SCÈNE VIII.

BEN-YACOUB, GEORGES.

GEORGES, entrant.

Oh! tous morts!... les uns après les autres... dans mes bras presque!... mais par qui?... D'où partaient les coups?.... Pourquoi m'ont-ils épargné? (Apercevant Ben-Yacoub.) Ben-Yacoub!... Tu devais être là, puisqu'on égorgeait des chrétiens...

BEN-YACOUB, avec un demi-sourire.

Tu m'accuses... quand tu me trouves étendu sur ma peau de tigre et dormant?...

GEORGES.

Tes bourreaux ne doivent pas être loin!...

BEN-YACOUB.

Cherche.

GEORGES.

Oui, je chercherai!... je vengerai mes compagnons morts, ou je mourrai comme eux. (Il cherche partout et redescend.) Personne! personne! Ah! mon Dieu!...

BEN-YACOUB, lui montrant sa peau de tigre.

Assieds-toi et causons.

GEORGES, désespéré.

Voilà ce qu'on fait des chrétiens, maintenant!... Les bandits!... les assassins!...

BEN-YACOUB, se levant avec un demi-sourire.

Tu crois?... — En attendant, tu es mon prisonnier... Oh! pas un mot, pas un geste : un mot, garrotté; un geste, étranglé. Tu es le lieutenant du caïmacan d'Hasbeiya?...

GEORGES.

Oui!

BEN-YACOUB.

Tu es chrétien, et tu es dévoué aux chrétiens?

GEORGES.

En douterais-tu?...

BEN-YACOUB.

Tu as assisté, à Damas, au dernier conciliabule des roumis... Vous avez résolu de mettre vos trésors et vos forces en commun pour vous défendre contre nous au besoin?...

GEORGES.

Cela t'étonne?

BEN-YACOUB.

Où sont enfouis ces trésors?

GEORGES.

Tu me demandes une trahison, je crois?

BEN-YACOUB.

Je demande ce que je crois pouvoir obtenir. Où sont ces trésors? Tu te tais?... — J'ai encore pitié de toi, Georges de Moréac... Cette montagne que tu crois déserte est peuplée de mes soldats; tu es un homme mort, si tu gardes plus longtemps le silence... Comprends-tu?... — Je me tais plutôt que de mentir; mais, quand je parle, je ne dis que ce qui est : regarde!

(Toutes les issues sont subitement gardées par des hommes armés.)

GEORGES, portant la main à son épée.

Misérable!

(Des hommes armés, comme de dessous terre, se jettent sur lui et le désarment.)

GEORGES, désarmé.

Ah! les lâches!

(Les hommes le retiennent.)

BEN-YACOUB.

Parleras-tu?

GEORGES.

Cherche des traîtres ailleurs.

BEN-YACOUB.

Tu es à deux pas d'un gouffre où tu seras précipité si tu t'obstines à garder le silence... Réfléchis...

GEORGES.

Je suis prêt.

GEORGES.

Connais-tu le supplice des crochets? (Montrant le précipice.) Eh bien! regarde... la nature a taillé elle-même en pointes aiguës les aspérités de ce gouffre, comme pour se prêter à ta torture... Regarde, on dirait des pointes d'épées qui t'attendent.... Parleras-tu? (Pause.) Ce gouffre a deux cents pieds, et tu laisserais de ton sang et de ta chair, et tu serais brisé et broyé avant d'en toucher le fond.... Veux-tu parler?... (Pause, avec fureur.) Par ma vie, par le pain que je mange, par ce désert où mon père est mort sous le couteau des chrétiens, parle, ou c'est fait de toi!

(Georges reste impassible.)

BEN-YACOUB, à ses hommes.

Allez !

GEORGES.

Ben-Yacoub, sois maudit ! (On le précipite dans le gouffre. On entend un cri.) Ah !

(Moment de silence. L'un des hommes regarde dans le précipice.)

LE BÉDOUIN, penché sur le précipice.

Il n'est pas mort... il est suspendu par son manteau à l'un des angles du rocher !

DEUXIÈME BÉDOUIN.

Passe-moi ton fusil, je vais l'achever.

BEN-YACOUB.

Non... c'est l'affaire de dix minutes... Ce serait une charge de poudre de perdue.

(Ali-Bey revient.)

SCÈNE IX.

Les Précédents, ALI-BEY.

BEN-YACOUB, à Ali-Bey.

Êtes-vous arrivé à temps ?

ALI-BEY.

Oui !... nous nous sommes précipités à cheval et sabre au poing dans l'église. Pierre de Moréac a été renversé le premier... Gulnare se défendait et était défendue par madame de Moréac... Pour en finir, nous les avons enlevées toutes deux : madame de Moréac sur le cheval de Ben-Salem ; Gulnare évanouie dans les bras de Djebel-Ali... Mais nous sommes poursuivis, je t'en préviens... Le plus prudent serait de fuir et de chercher un refuge au désert.

DEUXIÈME TABLEAU.

BEN-YACOUB.

C'est possible. (Haut.) Levez le camp.
(On enlève les tentes, qu'on plie à la hâte.)

BEN-YACOUB.

Dépêchons! (Aux autres.) Allons, à cheval!
(Il disparaît et revient aussitôt à cheval avec Gulnare évanouie, qu'il soutient du bras gauche. — Les autres cavaliers arrivent.)

UN CAVALIER, accourant, à Ben-Yacoub.

Maître, les cavaliers chrétiens!... ils ont pris par la montagne... ils couperont la route de ce côté!
(Au même moment des cavaliers paraissent, ayant en tête Pierre de Moréac et Niel-Roz.)

SCÈNE X.

Les Précédents, PIERRE DE MORÉAC, NIEL-ROZ, LES CAVALIERS CHRÉTIENS.

PIERRE DE MORÉAC, barrant le passage à Ben-Yacoub.

Un instant! mécréant!

BEN-YACOUB.

Les chrétiens!

PIERRE DE MORÉAC.

Les prisonnières?...

BEN-YACOUB, à ses hommes.

L'arme au poing et en avant!
(Les Druses se précipitent sur les chrétiens, mêlée de chevaux. — Coups de feu. — Pierre de Moréac est démonté; — Niel-Roz descend pour le défendre. — Ben-Yacoub et ses hommes se font une trouée et passent; — morts et blessés.)

UN CAVALIER CHRÉTIEN.

Poursuivons-les.

(Ils se précipitent tous après les Druses.)

PIERRE DE MORÉAC, se retournant.

Vite à cheval, Niel-Roz.

NIEL-ROZ.

Oui, maître!... Mais écoutez... n'entendez-vous pas des gémissements?

PIERRE DE MORÉAC.

Des gémissements!... Tu es fou ou tu as peur! — En selle! en selle!

(Ils s'élancent au galop et disparaissent.)

UN BLESSÉ.

Mon Dieu!... et moi!... (Se redressant.) Que vais-je devenir!... mes forces m'abandonnent. (Écoutant.) Ah! des pas de chevaux! (Regardant.) Ah! une caravane...

(Entrée de la caravane. — Aïssa, Sidi-Sadok.)

SCÈNE XI.

AÏSSA, SIDI-SADOK, GEORGES, LA CARAVANE.

SIDI-SADOK, arrêtant son cheval.

Qu'est-ce que cela?

(Il écoute.)

AÏSSA.

Des gémissements!

SIDI-SADOK, descendant de cheval.

Oui, de ce côté. (Il va au précipice.) Un homme suspendu sur un abîme!

DEUXIÈME TABLEAU.

AÏSSA.

Secourez-le!

SIDI-SADOK.

A moi!... des cordes!...

(On accourt.)

AÏSSA.

Dépêchez-vous!... dépêchez-vous!

SIDI-SADOK.

Il aperçoit la corde... il s'en est emparé... Il monte... aidez-moi.

AÏSSA.

Oh!...

SIDI-SADOK, à Georges, qu'on ne voit pas encore.

Allons, courage!... encore un effort... là. . Voici ma main... là... là... Allons, voilà qui est fait... — Du sang!

SCÈNE XII.

LES PRÉCÉDENTS, GEORGES.

GEORGES, chancelant.

Oh! ce n'est rien... je ne suis que légèrement blessé... je vous dois la vie... (A Sidi Sadok.) Merci... merci!...

SIDI-SADOK, montrant Aïssa.

C'est elle qu'il faut remercier.

GEORGES, à Aïssa.

Soyez bénie!... Maintenant achevez votre œuvre de délivrance, conduisez-moi à Damas.

AÏSSA.

Nous y allons.

GEORGES.

Au consulat de France ?

AÏSSA.

Soit.

GEORGES.

Que Dieu vous rende au centuple ce que vous faites pour moi... Je me nomme Georges de Moréac... Mademoiselle, dites-moi votre nom, pour qu'il soit à jamais sur mes lèvres et dans mes prières.

AÏSSA.

Aïssa... fille d'Abd-el-Kader.

TROISIÈME TABLEAU.

LE CONSULAT FRANÇAIS.

Un petit salon chez le consul de France, ouvrant sur une galerie éclairée. — Un bal. — On entend la musique. — Des domestiques vont et viennent, offrant des rafraîchissements.

SCÈNE PREMIÈRE.

LE CONSUL DE FRANCE, LE CONSUL D'ANGLETERRE, LE CONSUL DE RUSSIE, LE CONSUL DE PRUSSE, LE CONSUL D'AUTRICHE, DAOUB-KAIBAR, ALI-BEY.

(Les consuls causent entre eux.)

PREMIER DOMESTIQUE, offrant des glaces.

Des glaces!...

DEUXIÈME DOMESTIQUE.

Du punch!...

(Ils circulent.)

DAOUB-KAÏBAR, à part.

Ce bal m'a l'air d'un prétexte. Les consuls ne se quittent pas. (Haut à Ali-Bey.) Retourne vers Ben-Yacoub... Dis-lui de se hâter... Ces giaours ont l'air de nous avoir devinés et de se consulter entre eux... Va, j'essaierai de les endormir...

ALI-BEY.

Avec de l'or?...

DAOUB-KAÏBAR.

Ils ne sont pas à vendre.

ALI-BEY.

Des honneurs?...

DAOUB-KAÏBAR.

Ils méprisent les nôtres... Non, Ali-Bey, avec de l'humilité et de la flatterie... Voilà où j'en suis, Ali-Bey, moi, prince et seigneur, et fils de pacha. Mais pour chaque honte, je veux de leur sang pour l'effacer... pour chaque courbette, je veux qu'une tête tombe!... Va, va!...

(Ali-Bey s'éloigne.)

LE CONSUL DE FRANCE, aux consuls.

Un salon de bal est un terrain neutre; on ne s'étonnera pas de cet entretien prolongé.

LE CONSUL ANGLAIS.

C'est possible; mais, je vous avouerai, monsieur, que vos craintes me paraissent exagérées; et par contre...

LE CONSUL FRANÇAIS.

Qu'importe, si elles nous amenaient à prévenir un grand malheur.

DAOUB-KAÏBAR, à un officier français qui passe.

Salut au fils de la France... du bienheureux pays des élus de Dieu...

L'OFFICIER FRANÇAIS.

Abd-el-Kader a été prié à cette fête. Savez-vous s'il viendra?

TROISIÈME TABLEAU.

DAOUB-KAÏBAR, avec un demi-sourire.

C'est une fête, et la gravité de l'émir ne lui permettra sans doute pas de s'y montrer.

L'OFFICIER FRANÇAIS.

J'aurais été heureux, j'aurais été fier de lui serrer la main.

DAOUB-KAÏBAR.

Je comprends... les Français croient à sa reconnaissance.

L'OFFICIER FRANÇAIS.

Ils font mieux que d'y croire, monsieur, ils y comptent.

DAOUB-KAÏBAR, à part.

Oh! ces giaours!... mais patience, patience. (Haut, au consul français qui passe sans le regarder.) Je ne sais pourquoi, mais je tremble d'avoir démérité de Votre Excellence.

LE CONSUL FRANÇAIS.

Du tout, monsieur, du tout; mais dans votre pensée, monsieur, me croyez-vous le représentant d'un grand peuple?

DAOUB-KAÏBAR.

Le plus grand des peuples, le plus grand.

LE CONSUL FRANÇAIS.

est donc étrange, convenez-en, monsieur, quand je demande protection et justice pour mes coreligionnaires... qu'on me fasse attendre l'une et qu'on me marchande l'autre?

DAOUB-KAÏBAR.

Mais mon puissant seigneur...

LE CONSUL FRANÇAIS.

En pleine rue, voilà huit jours, des enfants druses ont profané et souillé des symboles chrétiens... sont-ils punis?

DAOUB-KAÏBAR.

Ils le seront!... demain... ce soir... ils seront condamnés à balayer ces mêmes places, ces mêmes rues où ils ont osé traîner dans la fange l'image du Dieu des chrétiens... Oh! croyez à mes bonnes intentions... elles sont pures... Oh! par grâce, par pitié, n'irritez pas contre nous votre redoutable souverain... vous une des lumières de son puissant empire... vous, un des serviteurs les plus glorieux de la France.

LE CONSUL FRANÇAIS.

Trêve de compliments. Je compte sur votre parole, monsieur?

DAOUB-KAÏBAR, s'inclinant.

Oh! comptez, comptez-y... vous le pouvez, monsieur, vous le le pouvez. (A part.) Oh! ces giaours!...

(Un drogman entre.)

SCÈNE II.

LE CONSUL FRANÇAIS, DAOUB-KAÏBAR, LE DROGMAN, puis GEORGES.

LE DROGMAN, au consul.

Un jeune homme, envoyé par Ben-Reschid, le chef maronite d'Hasbeiya, demande à parler à l'instant au consul pour affaires qui ne peuvent se remettre?...

LE CONSUL FRANÇAIS.

Qu'il entre... (Aux consuls et à Daoub-Kaïbar.) Restez, messieurs!... restez, Daoub-Kaïbar... vous n'êtes sans doute pas de trop.

(Georges entre rapidement.)

DAOUB-KAÏBAR, à part.

Georges de Moréac!

SCÈNE III.

LES PRÉCÉDENTS, GEORGES.

LE CONSUL FRANÇAIS, à Georges.

Mon Dieu! mais qu'avez-vous... vous êtes pâle... couvert de sang?...

GEORGES.

Ma blessure s'est ouverte en route... J'ai été jeté au fond d'un gouffre par des misérables qui voulaient m'empêcher d'arriver jusqu'à vous... Les gens d'une des filles d'Abd-el-Kader m'ont sauvé... Mais il ne s'agit pas de cela, monsieur le consul : Ben-Reschid m'envoie vers vous, pour réclamer, au nom des Maronites persécutés, la protection de la France; celle du gouvernement turc est impuissante à nous défendre.... ou plutôt, monsieur le consul, elle nous abandonne...

LE CONSUL FRANÇAIS.

Vous l'entendez, Daoub-Kaïbar?

GEORGES.

Enfin, des excès odieux ont éclaté du côté d'Hasbeiya... Oui, monsieur... partout des hommes massacrés... des femmes enlevées, deshonorées, égorgées!... On ne tue pas seulement, on torture!... on prend son temps comme pour mieux faire l'horrible besogne!... Tenez, hier, près d'une mosquée... ou près d'une église, je ne sais plus... ces barbares rencontrèrent une famille chrétienne qui fuyait... « Bon, dit l'un, en les arrêtant au passage, voilà de la pâture pour les vautours! » — « Tuez-moi, s'écria le père, mais épargnez ma femme et mes enfants!... » — « Tiens, giaour, » répondit le misérable en le frappant de son sabre!... et la main sanglante du père, étendue sur ses enfants, tomba!...

TOUS.

Oh!...

GEORGES, continuant.

L'aïeul s'avança : « Prenez ma vie, dit-il, et laissez ces femmes et ces enfants!... » Il fut entouré aussitôt : on lui coupa les lèvres et le menton ; on lui fit une incision en forme de croix sur le front et on lui rabattit la peau sur les yeux!.... Aveuglé par le sang, fou de douleur, il se sauva de leurs mains et s'en alla à tâtons par les rues, hurlant et frappant aux portes..... mais on n'osait ouvrir.. mais on tremblait!... voilà ce qui se passe là-bas, messieurs!...—Une répression sévère serait un acte de justice, et l'acte aussi d'une politique prévoyante ; elle briserait dans les mains des bourreaux l'arme déjà levée et paralyserait leurs complices par la terreur!... Cette hésitation dans le meurtre serait déjà un refuge pour nos alliés... ils auraient le temps de s'armer du moins... de se fortifier, de s'entendre!..... Messieurs, c'est un peuple qui vous implore par ma voix et tend vers vous des mains suppliantes... ce sont des chrétiens, ce sont nos frères en Dieu qui tombent avec moi à vos pieds et vous crient : Grâce! justice!... Sauvez-nous!...

LE CONSUL FRANÇAIS, le relevant.

Relevez-vous, relevez-vous, monsieur. (A Daoub-Kaïbar.) Sa Hautesse vous demandera un compte sévère de votre conduite, monsieur, je vous en préviens...

DAOUB-KAÏBAR.

Ah! monsieur... vous me voyez plus ému et plus indigné que vous-même... mais ces excès ne se renouvelleront plus. — Ah! pauvre vieillard innocent, quelle responsabilité l'avenir fera peut-être peser sur moi!... (A Georges.) On indemnisera les victimes, monsieur.

GEORGES, avec indignation.

Des indemnités!... mais je n'ai pas fait trente lieues à franc étrier, tué deux chevaux, risqué vingt fois ma vie pour vous parler de maisons brûlées ou de troupeaux disparus... C'est de veuves qui pleurent leur mari... d'enfants désespérés qui redemandent leur père... c'est de têtes coupées que je parle... c'est du sang versé que je m'occupe, et j'en demande compte !...

DAOUB-KAÏBAR.

On punira les coupables.

GEORGES.

On punira les coupables, dites-vous ? Tenez, monsieur Daoub-Kaïbar, parlons loyalement et franchement : comment les punira-t-on ?

DAOUB-KAÏBAR.

La loi les condamne, la loi les frappe... on laissera parler et agir la loi.

GEORGES.

Quelle loi ? (Mouvement de Daoub-Kaïbar.) Oh ! pardon, monsieur, pardon ! (Montrant les consuls.) Nous sommes devant les représentants de l'Europe qui nous écoutent, qui nous jugent. — Oui, quelle loi ? est-ce la loi de Mahomet, qui justifie et glorifie l'assassinat commis sur un chrétien ?... est-ce celle de votre dieu Hackem, qui ordonne l'extermination des infidèles ?

DAOUB-KAÏBAR, vivement.

Ces lois-là ne sont pas les miennes... je les repousse, je les répudie !

GEORGES.

Qui le prouve ?...

DAOUB-KAÏBAR

Ma parole d'honnête homme.

GEORGES.

Après ?

DAOUB-KAÏBAR, s'oubliant.

Après ?... après ?..... (Redevenant humble.) Mais ma conscience... mes principes d'humanité... (levant la main) le serment solennel...

GEORGES.

Ne jurez pas... ce sont des chrétiens que vous avez devant vous : le Koran vous a d'avance délié des serments que vous pourriez nous faire.

DAOUB-KAÏBAR.

Mais...

GEORGES.

Ah ! tenez, monsieur, ne jouons pas au plus fin devant la possibilité de l'égorgement d'un peuple !... Les bourreaux lèvent le masque, êtes-vous pour eux? les persécutés veulent se défendre, les soutiendrez-vous ?

DAOUB-KAÏBAR.

Je les soutiendrai, je le jure.

LE CONSUL FRANÇAIS.

C'est la France qui reçoit votre serment, monsieur.

GEORGES.

Je demande pour les Maronites la permission de s'armer et de se défendre au besoin.

DAOUB-KAÏBAR.

Je vais vous la donner. (A part.) Le traître !
(Il écrit quelques mots qu'il remet à Georges.)
(A part.) Folle mouche... mes toiles d'araignées t'enveloppent. (Haut.) Je sais ce que nous devons à l'Europe... à la France surtout... je sais que les Maronites sont Français de cœur... que les Français les aiment... Je veillerai donc sur leurs ennemis, monsieur... j'y veillerai, je vous le jure... Par Allah et par Mahomet, j'y veillerai.

(Abd-el-Kader est entré depuis un moment.)

SCÈNE IV.

Les mêmes, ABD-EL-KADER.

ABD-EL-KADER, à Daoub-Kaïbar.

Et moi, je veille sur toi.

DAOUB-KAÏBAR, se retournant.

Abd-el-Kader!

TOUS.

Abd-el-Kader!
(Le consul s'avance au-devant d'Abd-el-Kader qu'on entoure et que chacun félicite.)

QUATRIÈME TABLEAU.

LE DRAPEAU FRANÇAIS.

Beyrouth. — A droite, en pan coupé, un café turc se perdant dans la coulisse ; à gauche, un bazar.

SCÈNE PREMIÈRE.

ALI-BEY, déguisé en colporteur, PAPILLON, UN ARABE-BÉDOUIN, UN BATTEUR D'ESTRADE, UN TURC en guenilles, UN CHAMELIER, UN MARCHAND, puis LE CONTEUR, LA GAZELLE, UNE FEMME, BEN-SALEM.

(Les premiers sont couchés çà et là, qui dans un coin, qui en travers sur les marches du bazar, qui adossés à la porte du café, ou étendus sur les marches de l'escalier. — Ils dorment ; au lever du rideau, il fait encore nuit, mais l'aube va bientôt paraître — On entend la voix du muezzin : une voix traînante, monotone, mais distincte.)

LA VOIX DU MUEZZIN.

C'est l'heure de la prière du Fagr, levez-vous pour prier. La prière vaut mieux que le sommeil ; levez-vous.

PAPILLON, se réveillant.

Le muezzin de la mosquée voisine qui chante déjà son air.

LA VOIX.

La prière vaut mieux que le sommeil, levez-vous.

PAPILLON, se recouchant.

Peut-on ainsi parler du nez? (Se mettant sur son séant.) Allons, mettons de l'ordre dans ma boutique. (Il arrange sa boîte à parfums.) Un homme d'État a dit qu'il fallait toujours se défier de son premier mouvement... quel grand homme! Quand je pense que si j'avais suivi M. Georges, je serais à cette heure dans les montagnes, le sac au dos et le fusil sur l'épaule!... un fusil chargé!... Eh bien, ce ne serait rien encore, ça... mais, me voir mettre en joue comme une caille... (Frissonnant.) Brrr!... j'aime mieux vendre des pastilles du sérail : ça empoisonne, mais ça ne tue pas.

(Une femme turque passe dans le fond conduisant sa fille.)

LA FEMME, à sa fille.

La mosquée est ouverte, l'aube va paraître; c'est l'heure de la prière du Fagr, viens!...

(Elles disparaissent. Le café et le bazar ouvrent leurs portes; mais les dormeurs empêchent de passer.)

UN GARÇON DE CAFÉ, aux dormeurs.

Allons debout... C'est l'heure de la prière!...

LE MARCHAND, de même.

La prière du Fagr, debout!

ALI-BEY.

Tu prieras pour moi.

LE MARCHAND, le repoussant à coups de pied.

Allons, allons!... Vas-tu pas empêcher d'entrer dans ma boutique maintenant!...

LE GARÇON DE CAFÉ, de même.

Allons, mangeurs de haschich! Allons!...

ALI-BEY, se détirant les bras et bâillant.

Mangeurs de haschich? Ah!...

PAPILLON.

Parfumez-vous... parfumez-vous... (A part, regardant leurs gueules.) Pouah!...

ALI-BEY.

Pourquoi as-tu fait la moue en nous regardant?

PAPILLON.

Pourquoi? Ah! vous êtes bon, vous; mais si on montrait toutes les idées qui vous passent par la tête, on finirait par révolter la pudeur publique.

ALI-BEY.

Prends garde à toi, giaour!...

PAPILLON.

On ne peut donc pas se gratter le nez dans ce pays?

ALI-BEY.

Te voilà averti.

PAPILLON.

Je suis Français!...

ALI-BEY, insolemment.

Qu'est-ce que ça... Français!...

PAPILLON, indigné.

Qu'est-ce que ça?... C'est les pyramides où quarante siècles nous contemplent... c'est Alger que nous avons bombardé et pris... c'est Sébastopol où l'on vous aurait éreintés sans nous... voilà ce que c'est...

ALI-BEY.

Prends garde à toi, je ne te dis que cela...

PAPILLON, à part.

Encore un Bédouin qu'on a oublié de tuer en Afrique. (haut.) Parfumez-vous... Parfumez-vous!...

ALI-BEY, bâillant.

Ah! le conteur des rues....

QUATRIÈME TABLEAU.

LE CONTEUR DES RUES, arrivant.

Le salut soit sur vous !... Je vais vous chanter les vertus guerrières d'Aboud-Zeyd... ou les exploits et les amours d'Angar, qui eut douze cents femmes et fit la conquête de Hedjaz.

ALI-BEY, lui tournant le dos.

Non... nous aimons mieux la Gazelle... Nous aimons mieux l'Égyptienne !

(L'Égyptienne, surnommée la Gazelle, accourt en secouant son tambourin.)

LE CONTEUR DES RUES.

La poésie s'en va !

ALY-BEY.

L'oiseau a quitté sa branche !... Danse, la Gazelle... Danse ! tu es la danseuse des pauvres ! Danse !... danse !

(Elle danse; après la danse elle se sauve en secouant son tambourin.)

ALI-BEY, apercevant Ben-Reschid.

Ah ! ah ! Ben-Reschid... Il vient demander justice, sans doute.

LE TURC.

Contre qui ?

ALI-BEY.

Contre de vrais croyants qui ont tué des infidèles dans le Kesraouan.

LE TURC.

Des Francs ?

ALI-BEY.

Des Maronites. Variété de giaours que tout cela. On tue un chien, on le ramasse, et voilà !...

BEN-RESCHID.

Merci.

ALI-BEY, se retournant.

Veux-tu en avoir la preuve ?

4.

BEN-RESCHID.

Tu oserais porter la main sur moi?

ALI-BEY, tirant son poignard.

La main, non, mais ceci.
(Il va pour poignarder Ben-Reschid. On l'arrête. Pendant les deux dernières répliques, les habitués du café ont pris leurs places; Daoub-Kaïbar arrive et se dirige vers le café; il s'arrête un moment dans le fond pour voir l'issue de la rixe.)

BEN-RESCHID, se retournant, à Daoub-Kaïbar.

Tu ne dis rien?

DAOUB-KAÏBAR.

Je n'ai rien vu.

BEN-RESCHID.

Cet homme a voulu m'assassiner!

DAOUB-KAÏBAR.

Je n'ai rien vu. (A Ali-Bey.) Tu as eu tort cependant.

ALI-BEY, bas.

La D'Jemmala m'a dit : « Le signal se fait attendre, il faut soulever Beyrouth... » Voilà pourquoi je suis ici sous ce costume.

DAOUB-KAÏBAR, haut.

Tu as eu tort, te dis-je.

ALI-BEY, bas.

Le sang de ce giaour aurait soulevé les Maronites de fureur et les Druses de joie... et comme nous sommes les plus nombreux et les plus forts...

DAOUB-KAÏBAR, haut.

Encore une fois, tu as eu tort. (A part.) Ça ira!

LE TURC, à Ben-Salem.

Il aurait pu te faire arrêter, pourtant.

QUATRIEME TABLEAU.

ALI-BEY.

Preuve que nous sommes dans notre droit.

DAOUB-KAÏBAR, à part, poursuivant son idée.

Et quand ils sauront que leurs enfants ont été condamnés à balayer le quartier des chrétiens... (se frottant les mains.) Ça ira, ça ira.

PAPILLON, à Ben-Reschid, bas.

Je me suis mêlé parmi eux pour savoir ce qui se passe... soyez sur vos gardes, on manigance quelque effroyable complot contre les Maronites. (Haut.) Parfumez-vous ! parfumez-vous !

ALI-BEY, revenant, bas à Daoub-Kaïbar.

Abd-el-Kader est dans la ville.

DAOUB-KAÏBAR.

Bien. (A part.) Abd-el-Kader !... S'il pouvait être enveloppé dans le massacre?

(Agitation dans le groupe où un des chefs druses pérore ; arrive la D'Jemmala.)

LA D'JEMMALA, bas à Daoub-Kaïbar.

La condamnation des enfants druses au balayage des rues a produit son effet. Je crois qu'on pourrait en profiter pour soulever Beyrouth.

DAOUB-KAÏBAR.

J'allais te le proposer.

LA D'JEMMALA.

Tu nous seconderas?

DAOUB-KAÏBAR.

J'ai commencé.

(On entoure Daoub-Kaïbar avec des murmures et des cris.)

UN DRUSE, à Daoub-Kaïbar.

Nos enfants balayeraient le quartier des chrétiens ?...

ALI-BEY.

On ferait cette insulte à la race d'Islam ?

TOUS.

Non... non !...

DAOUB-KAÏBAR.

Le consul de France le veut.

ALI-BEY.

Les giaours sont donc les maîtres, maintenant.

DAOUB-KAÏBAR.

Que voulez-vous ?... vous en avez peur, il suffit.

TOUS.

Peur ? peur ?

DAOUB-KAÏBAR.

Il suffit, il suffit.
(Les enfants passent conduits par des gardes et le balai à la main.

DAOUB-KAÏBAR, aux gardes.

Au quartier des chrétiens !... qu'ils balayent, qu'ils balayent !... Le fouet à ceux qui résisteront.

ALI-BEY.

Arrêtez ! (A Daoub-Kaïbar.) Et si nous opposons la force à la force ?

DAOUB-KAÏBAR.

C'est votre affaire.

ALI-BEY.

Et si nous lavons cet outrage dans le sang ?

DAOUB-KAÏBAR.

Cela vous regarde.

ALI-BEY.

C'est bien ; le glaive tiré, nous ne le remettrons au fourreau que rouge de sang chrétien !

QUATRIÈME TABLEAU.

DAOUB-KAÏBAR.

Je m'en lave les mains. (Aux gardes.) Allez, les Français le veulent, allez !

(Les gardes fouettent les enfants; le cortége se met en marche au milieu des vociférations de la populace musulmane.)

BEN-RESCHID, à Daoub-Kaïbar.

Tu as donc juré notre perte ?

DAOUB-KAÏBAR.

Tu t'es plaint au consul de France, tu as demandé justice, je te la fais.

BEN-RESCHID.

Tu les pousses à la fureur !

DAOUB-KAÏBAR.

J'ai juré de faire justice, je tiens mon serment.

BEN-RESCHID.

Mais tous les Druses de Beyrouth vont se lever comme un seul homme pour écraser jusqu'au dernier chrétien ?

DAOUB-KAÏBAR.

J'ai juré... Ah ! vous croyez que les musulmans ne tiennent pas les serments qu'ils font aux chrétiens... Vous allez voir !

BEN-RESCHID, à part.

Ah ! prévenons nos amis !

(Il s'éloigne vivement.)

LA D'JEMMALA, bas à Daoub-Kaïbar.

Je vais attiser le feu, je vais remuer la flamme ! (Revenant sur ses pas.) Ah !... ma police est mieux faite que la tienne. Georges de Moréac a été retiré du gouffre par Aïssa, la fille d'Abd-el-Kader.

DAOUB-KAÏBAR.

Je le sais.

LA D'JEMMALA.

Je me dis que Ben-Yacoub a eu tort : une bonne balle ou une pointe de yatagan dans le cœur, c'eût été plus sûr.

DAOUB-KAÏBAR.

Oui, plus sûr.

LA D'JEMMALA.

Encore un mot : ce n'est pas seulement contre les Maronites, c'est surtout contre les Francs qu'il faut ameuter les populaces. Que dirais-tu si on traînait le drapeau français dans les rues, dans la fange, dans les huées ?

DAOUB-KAÏBAR.

Je représente le sultan, je protesterais.

LA D'JEMMALA.

Et si on passait outre, que ferais-tu ?

DAOUB-KAÏBAR.

Rien.

LA D'JEMMALA.

Il suffit.

DAOUB-KAÏBAR, la retenant.

Tu ne crains pas d'être reconnue ?

LA D'JEMMALA.

Les visages noirs n'ont pas d'empreintes : traits effacés, œil éteint ; à vingt pas, doute ; à trente, confusion et ténèbres ; à cinquante, nuit !

(Elle s'en va.)

DAOUB-KAÏBAR, se frottant les mains.

Ça ira ! ça ira !

(Un fellah arrive conduisant plusieurs esclaves voilées.)

SCÈNE II.

DAOUB-KAIBAR, LE FELLAH, LES ESCLAVES, UN VIEUX TURC.

LE FELLAH, au Turc.

Non, impossible, impossible! (Montrant une des esclaves.) Mais, regarde ces pieds... regarde ces mains... des perles de la mer Rouge ne sont pas plus blanches.

LE VIEUX TURC.

Deux mille medjidiés d'or!... ce n'est pas pour rien... (Examinant l'esclave.) Chair ferme... (A l'esclave.) Souris... dents blanches!... c'est égal, c'est cher! (Montrant madame de Morrac.) Je prends celle-là pour mon champ.

DAOUB-KAÏBAR, relevant le voile de l'autre.

Combien cette femme? (A part, avec surprise.) Gulnare!

GULNARE, à part.

Ah! Daoub-Kaïbar!

DAOUB-KAÏBAR, à part.

Je ne la croyais pas si belle! (Haut.) Combien?

LE FELLAH.

Elle vaut quatre mille medjidiés d'or.

DAOUB-KAÏBAR.

Je la prends.

LE FELLAH.

Mais elle n'est plus à vendre.

DAOUB-KAÏBAR.

Conduis-la à mon sérail.

LE FELLAH.

Mais elle est vendue...

DAOUB-KAÏBAR.

C'est Daoub-Kaïbar qui te parle. Vendue... Et à qui?

BEN-YACOUB, paraissant.

A moi.

SCÈNE III.

Les Précédents, BEN-YACOUB.

DAOUB-KAÏBAR.

Elle était ta prisonnière : pourquoi l'as-tu fait vendre?

BEN-YACOUB.

Je me souviens de nos serments... Nous nous sommes juré de mettre le butin en commun... Une femme est une valeur... j'ai fait vendre celle-ci et je l'ai rachetée... C'est donc quatre mille medjidiés d'or que je dois.

DAOUB-KAÏBAR, à part.

C'est dommage... elle me plaisait bien.

BEN-YACOUB, au fellah.

Où est le palanquin que j'ai demandé?...

LE FELLAH.

Le voici.

(On amène le palanquin.)

GULNARE, tombant aux pieds de Daoub-Kaïbar.

Oh! protégez-moi... sauvez-moi... Je suis Gulnare, la fille adoptive de Pierre de Moréac, votre ami... Grâce, grâce!

DAOUB-KAÏBAR, à part.

Me brouiller avec Ben-Yacoub, pas si bête!

MADAME DE MORÉAC, à Daoub-Kaïbar, en tombant à ses pieds.

Je suis la femme de votre vieil ami, monsieur... Ah! grâce!... grâce!...

GULNARE.

Sauvez-moi de la honte!

QUATRIÈME TABLEAU.

MADAME DE MORÉAC.

Sauvez-moi de l'esclavage!

DAOUB-KAÏBAR.

Je ne vous connais pas.

GULNARE, les mains jointes.

Monsieur!

MADAME DE MORÉAC, se traînant à ses pieds.

Monsieur! monsieur!

DAOUB-KAÏBAR, leur tournant le dos.

Je ne vous connais pas!(A Ben-Yacoub.) Es-tu content de moi?

BEN-YACOUB.

A charge de revanche.

MADAME DE MORÉAC et GULNARE, baissant la tête.

Ah!

LE TURC, à madame de Moréac.

Allons! en route.

GULNARE, se levant.

Adieu, madame.

MADAME DE MORÉAC.

Adieu, ma fille.

(Elles se jettent dans les bras l'une de l'autre.)

GULNARE, pleurant.

Je ne vous reverrai peut-être plus!

MADAME DE MORÉAC, de même.

Dieu aura peut-être pitié de nous!

GULNARE.

Embrassez Marthe pour moi si vous la revoyez... je l'aimais tant!... et dites à Georges que ma dernière pensée sera toujours pour lui.

MADAME DE MORÉAC.

Dieu sait seul où ils sont maintenant.

GULNARE.

Dieu est bon, il vous les rendra.

LE TURC.

Le temps presse, en route!

GULNARE.

Adieu.

MADAME DE MORÉAC.

Adieu!

(Elles font quelques pas, puis elles se jettent dans les bras l'une de l'autre. Le peuple se précipite sur la scène en hurlant et en amenant les enfants en triomphe.)

SCÈNE IV.

Les Précédents, ALI-BEY, LE DRUSE, Le Peuple, puis LA D'JEMMALA.

DAOUB-KAÏBAR.

Ça commence.

TOUS.

Victoire! victoire!

ALI-BEY, arrivant.

Ils ne balayeront plus, ils ne balayeront plus! Assez d'humiliation et de honte ainsi!

LA D'JEMMALA, accourant, un drapeau tricolore à la main.

Oui, assez de honte ainsi!

TOUS.

Assez! assez!...

LA D'JEMMALA, agitant le drapeau.

Voilà le symbole d'honneur et de courage de ces Francs qui viennent nous braver jusque chez nous...

QUATRIÈME TABLEAU.

TOUS.

A bas le drapeau! à bas!

LA D'JEMMALA.

Oui, car derrière ce haillon il y a un peuple infâme et lâche...

TOUS.

Sous les pieds! sous les pieds!

LA D'JEMMALA.

Un peuple qui rit de Mahomet, le vrai prophète!..

TOUS.

Aux ruisseaux! aux ruisseaux!

LA D'JEMMALA.

Un peuple maudit que je voudrais abattre comme cette guenille, et fouler sous les talons comme ce haillon!

(Elle va pour jeter le drapeau par terre.)

LE DRUSE.

Non... non... Aux ruisseaux!...

LA D'JEMMALA.

Aux ruisseaux!... aux ruisseaux!...

TOUS.

Aux ruisseaux!... aux ruisseaux!...

(Abd-el-Kader paraît; il arrache le drapeau des mains de la D'Jemmala.)

SCÈNE V.

LES PRÉCÉDENTS, ABD-EL-KADER.

ABD-EL-KADER.

Profanateurs de choses saintes, arrière!

TOUS.

Abd-el-Kader!

ABD-EL-KADER.

Oui, moi!... et le Franc est un noble peuple, puisqu'il peut trouver des défenseurs même parmi ses anciens ennemis!

TOUS, furieux.

Le drapeau! le drapeau!

ABD-EL-KADER.

J'ai vu combattre les Français... je sais comment ils triomphent ou meurent... Je remplace le plus résolu d'entre eux en ce moment... je combattrai et mourrai pour ce drapeau! (Cris.) Voici ma poitrine, voici mon cœur, frappez, ou faites-moi place!

(Les rangs s'ouvrent. Abd-el-Kader passe.)

LA DJEMMALA, à part.

Oh! les lâches!

DAOUB-KAÏBAR, à part.

C'est à recommencer.

CINQUIÈME TABLEAU.

AU PALAIS DE BEN-YACOUB, A SAÏDA.

Une magnifique salle dans le goût oriental; des arcades, au fond, fermées par de riches tentures; ces tentures se relèvent à volonté, et laissent voir une galerie ou terrasse qui court autour du palais. Des femmes, au fond, étendues sur des coussins.

SCÈNE PREMIÈRE.

BEN-YACOUB, ALI-BEY.

BEN-YACOUB, à part.

Gulnare!....elle ne m'aime pas?

ALI-BEY.

Je te disais donc que les moments sont comptés. Cette journée perdue ne se retrouverait pas. Je t'ai réservé l'honneur du signal... un coup de feu par cette fenêtre...: ce qui voudra dire : Sus aux chrétiens!... Et par Allah, je te réponds que pas un Druse ne boudera à la besogne!

BEN-YACOUB.

Mais si le sang versé allait être un obstacle éternel entre elle et moi, Ali-Bey?

ALI-BEY, à part.

Toujours cette femme! (Haut.) Il est trop tard pour reculer, enfin.

BEN-YACOUB.

Tu m'as dis que Georges de Moréac avait été arrêté?

ALI-BEY.

Oui, arrêté cette nuit et jeté dans les prisons de Damas; il sera jugé demain. A quoi tu m'as répondu : « Non, pas jugé : condamné. » La chose est possible si j'accepte près du gouverneur de Damas la place de conseiller qu'il m'offre?...

BEN-YACOUB, après avoir réfléchi et fait quelques pas autour de la chambre.

Accepte... invente une accusation... un crime... ce que tu voudras.

ALI-BEY.

Donneras-tu le signal?

BEN-YACOUB.

Tu me pousses dans un abîme de sang, Ali-Bey?

ALI-BEY.

On ne demande pas au lion la candeur de la colombe. Le lion serait moins que le chacal s'il agitait sa tête formidable et étendait ses puissantes pattes velues pour écraser une mouche... Assassiner un homme au coin d'un bois pour le dépouiller, — et tu l'as fait, — c'est misérable et lâche... mais tuer un peuple pour sauver un autre peuple, c'est grand... Les défaillances de ton passé disparaîtront dans l'étendue et la splendeur de ton triomphe.

BEN-YACOUB.

Où est-elle?...

ALI-BEY.

On va te l'amener. — Encore un mot, cependant : deux ou trois sœurs de charité se sont glissées dans le palais... elles soignent indistinctement, c'est vrai, les prisonniers chrétiens que nous avons faits cette nuit, et nos soldats; mais leur présence est d'un mauvais exemple : éloigne-les?...

BEN-YACOUB.

Je veux que Gulnare soit parée comme une reine. Les femmes se laissent prendre par les yeux encore plus que par le cœur. Je mettrai tous mes trésors à ses pieds; j'étalerai devant elle toutes

les séductions, tout le luxe de ces contrées, et nous verrons si sa coquetterie ne sera pas plus puissante sur sa pensée que mon amour. Si elle m'aimait, Ali-Bey... j'aurais la main plus sûre et le bras plus fort. Avant de songer au signal, je veux tenter une dernière épreuve sur elle! Je sens toute ma faiblesse; mais que veux-tu? je l'aime!... Je me montre à toi tel que je suis. Laisse-moi-la voir, laisse-moi lui parler... je puiserai peut-être dans son dédain et dans sa haine la résolution qui me manque. Tais-toi, la voilà! (Lui prenant la main.) Vois, je tremble comme un enfant.
(Gulnare paraît introduite par deux esclaves; elle est richement vêtue.)

SCÈNE II.

Les Précédents, GULNARE, les Esclaves.

GULNARE.

Lui!...

(Elle veut se retirer.)

UN ESCLAVE, la retenant.

Reste, le maître le veut, sa volonté est absolue.

BEN-YACOUB.

Je lui fais horreur!... (A Ali-Bey.) Va!

ALI-BEY.

N'oublie pas le signal.

BEN-YACOUB.

Oui, un coup de feu de cette fenêtre : va, va!...

(Ali Bey sort.)

SCÈNE III.

BEN-YACOUB, GULNARE, puis LES ESCLAVES.

BEN-YACOUB, à Gulnare.

Tu n'auras donc pas pitié de moi! (A part.) La statue de l'orgueil! oh! je te vaincrai!... (Il fait un signe, les femmes se

èrent et dansent. Bas à Gulnare.) Regarde... ces filles sont belles... elles valent chacune deux mille medjidiés d'or... je te les donne. (Gulnare ne bouge pas. A part.) Rien!... (Lui montrant une femme qui danse seule en ce moment.) C'est une fille du Caucase... sa beauté s'accroît de son orgueil... elle sait son prix... elle n'ignore pas qu'elle est destinée à la couche du sultan... Eh bien, j'en fais ton esclave et je te la donne... comme un chien, elle viendra baiser le bout de tes pieds... elle approche, regarde, regarde... Repousse-la du talon si tu veux; mais dis-moi que tu me sais gré de ce qu'elle fait.
(Pendant que Ben-Yacoub parle, la Caucasienne décrit un grand cercle en dansant, qu'elle rétrécit peu à peu, puis elle vient tomber aux pieds de Gulnare et baise le bas de sa robe. Gulnare reste absorbée dans ses idées et ne la regarde même pas.)

BEN-YACOUB, à part.

Rien! rien!...
(Des esclaves rentrent chargées de joyaux et d'étoffes précieuses; elles viennent l'une après l'autre les déposer devant Gulnare.)

GULNARE, fondant en larmes.

Mon Dieu! mon Dieu!...
(Elle cache sa tête dans ses mains en sanglotant.)

BEN-YACOUB, à part.

Insensible à tout. (Haut.) Sortez, sortez...
(Tout le monde s'éloigne.)

SCÈNE IV.

GULNARE, BEN-YACOUB.

BEN-YACOUB.

Oh! ne pleure pas! Malheureux que je suis!... mon amour est farouche, j'en conviens; mais c'est Dieu qu'il faut accuser.... c'est à lui qu'il faut s'en prendre, et à ces rudes montagnes du Liban qui m'ont donné leur âpreté et leurs hauteurs!... je sens leur grandeur sauvage et leur abîme en moi!... je ne sais pas prier... mes passions sont des orages... l'air que je respire m'embrase... ce soleil qui me brûle m'a pétri de bronze et de fer comme une menace ou un danger!... je suis ainsi!... Mais je m'humilie... je me fais agneau!... oui, ce palais est à vous... ces esclaves que vous avez vues, sont les vôtres... ces trésors et l'homme qui vous les offre vous appartiennent!... Gulnare, écoutez... je vous aime!... (Tombant à ses pieds.) Et me voici encore une fois suppliant à vos pieds... je n'en rougis pas... mais ne m'y laissez pas trop longtemps!...

GULNARE, éclatant.

Vous ne comprenez donc pas que vous me faites horreur!...

BEN-YACOUB, se relevant.

Gulnare!...

GULNARE.

Oh! le cynique et l'odieux égorgeur!... il commande des massacres et me parle d'amour... il plonge une de ses mains dans le sang et me tend l'autre en souriant!... mais ces perles... ces perles que tu as volées... ces diamants que tu as pillés... ces parures encore rouges de sang chrétien... du sang de ceux que j'aime... mais c'est la digne parure de tes compagnes, bandit... c'est la dot de tes esclaves, voleur!...

(Elle arrache la couronne, les bracelets, les colliers et les jette loin d'elle.)

BEN-YACOUB, éclatant.

Ah! c'en est trop!... ces chrétiens t'ont déjà donné leur âme!... ah! pour répondre à mes prières tu ne trouves pas d'injures assez fortes!... Ah! les noms d'assassin, d'égorgeur, te semblent encore trop doux!... Eh bien, tu l'as dit... c'est une main dans le sang que je veux signer notre pacte d'amour... c'est la bouche pleine d'arrêts de mort que je veux célébrer notre union!...

GULNARE.

Tu l'avoues donc!...

BEN-YACOUB.

Un crime accepté est un crime accompli... oui, je l'avoue!... Je te place entre l'extermination des chrétiens et mon amour... choisis

GULNARE.

Mon choix est fait, je mourrai.

BEN-YACOUB.

Ta mort serait le signal du massacre.

GULNARE, tressaillant.

Vous ne ferez pas cela !

BEN-YACOUB.

Par Allah ! des milliers de têtes sont dans un plateau de la balance, et mon bonheur dans l'autre... encore une fois, choisis !...

GULNARE, tombant à genoux.

Grâce ! grâce !...

BEN-YACOUB.

Les condamnes-tu ?

GULNARE.

Au nom du dieu Hackem dont tu reconnais la loi... au nom de Mahomet que je sers encore... au nom d'Allah, au nom du ciel, grâce, grâce !...

BEN-YACOUB.

Les as-tu condamnés ?...

GULNARE.

Épargne-les, je t'aimerai peut-être.

BEN-YACOUB.

Non, sur l'heure !

GULNARE.

Ben-Yacoub !!!

BEN-YACOUB.

M'aimes-tu ?...

GULNARE, se relevant.

Non, misérable... non, je te hais !

BEN-YACOUB.

Bien...

(Il va à la fenêtre et tire un coup de pistolet.)

GULNARE, tressaillant.

Qu'est-ce que cela ?

CINQUIEME TABLEAU. 83

BEN-YACOUB.

C'est leur arrêt de mort.

GULNARE, perdant la tête.

Ah!... sauve-les, je suis à toi!...

BEN-YACOUB, la repoussant.

Il est trop tard.

(Il sort.)

SCÈNE V.

GULNARE, puis MARTHE.

GULNARE, seule.

Ah! mon Dieu!... qu'ai-je fait?... Ah! misérable créature qui a mis son orgueil et sa fierté avant la délivrance d'un peuple!

(Marthe entre.)

MARTHE, entrant.

Gulnare!...

GULNARE.

Marthe!... toi ici!...

MARTHE.

Je viens te sauver!

GULNARE.

Moi?... Mais tu ne sais donc pas...

MARTHE.

Je sais tout!... Ecoute... oh! ne m'interromps pas... grâce à notre costume, tu pourrais fuir... Tu trouveras deux de mes compagnes dans la pièce voisine... Elles t'habilleront et te conduiront par la petite porte au père Simon qui attend dans la rue... les instants sont comptés. Va, va!...

GULNARE.

Et toi?...

MARTHE.

Je suis Française et sœur de charité, deux titres encore respectés... d'ailleurs, la mort ne ferait que hâter mon retour vers

Dieu!... Chrétienne, je peux mourir!.... Tu n'as pas encore ce droit, toi... Embrasse-moi et pars... Je t'en prie... je le veux... va, va!...

(Elle la pousse dehors.)

SCÈNE VI.

MARTHE, seule.

Oh! que d'événements, mon Dieu!... Des bruits sinistres circulent dans l'air!... qu'est devenu Georges? Ah! j'ai le cœur triste comme si un grand malheur allait encore nous frapper!... Des cris... (Ecoutant.) Ah! ce sont les massacres qui commencent! (Grands bruits de voix au dehors — Les prisonniers chrétiens se précipitent tumultueusement dans la salle.)

SCÈNE VII.

MARTHE, GULNARE, les Prisonniers.

MARTHE, à part.

Les prisonniers du palais !

PREMIER PRISONNIER.

Nous sommes perdus! nous sommes perdus!

MARTHE.

Sachons mourir, mes frères.

PREMIER PRISONNIER.

On massacre les chrétiens dans les rues... La ville sera détruite par le feu... Nous sommes perdus! nous sommes perdus!

MARTHE.

Alors, prions, mes frères, prions!...

PREMIER PRISONNIER.

La prière! à quoi bon?... ceux qu'on égorge ont dû prier, et Dieu a été sourd à leurs voix.

CINQUIÈME TABLEAU.

TOUS.

O désespoir ! ô malheur !
(Arrive Ben-Yacoub suivi de ses soldats. — Gulnare paraît du côté opposé, l'air inspiré et résolu.)

SCÈNE VIII.

Les Précédents, BEN-YACOUB, ALI-BEY, GULNARE, les Soldats.

GULNARE, à Ben-Yacoub.

Tu ne feras pas égorger ces hommes sans défense, n'est-ce pas ?

BEN-YACOUB.

Ils tiennent leur sort dans leurs mains : qu'ils renoncent au Christ, ils vivront.

TOUS, tombant aux genoux de Ben-Yacoub.

Grâce ! grâce !...

BEN-YACOUB.

Tout chrétien mourra.... ou ceux qui vivront renieront leur Dieu... Voilà l'arrêt, voilà la loi !...

TOUS.

Miséricorde !... miséricorde !...

BEN-YACOUB.

Renoncez-vous au crucifié ?

TOUS.

Nous ?

BEN-YACOUB.

Dépêchons : les justiciers attendent !

MARTHE.

C'est l'apostasie qu'on vous propose !...

BEN-YACOUB.

Ou la mort !...

TOUS, baissant la tête.

Oh !...

BEN-YACOUB, aux soldats.

La mort, allez!

(Les soldats tirent leurs épées.)

LES PRISONNIERS, tombant à ses genoux.

Non, non, la vie!...

BEN-YACOUB.

Vous embrassez l'islamisme?...

TOUS, baissant la tête.

Oui! oui!...

BEN-YACOUB.

Vous reconnaissez Mahomet?

TOUS.

Nous le reconnaissons!

MARTHE, s'avançant.

Moi exceptée!

GULNARE, s'avançant.

Et moi...

BEN-YACOUB, à Gulnare.

Tu n'es pas chrétienne!

GULNARE, avec exaltation.

Je le suis!

BEN-YACOUB.

Tu mens!... — Elle ment, compagnons... elle ment!

GULNARE.

Devant vos dieux, que je renie, j'atteste le Christ, j'atteste le vrai Dieu, le Dieu des chrétiens qui me donne la foi : je suis chrétienne!...

MARTHE.

Ma sœur!...

GULNARE.

Tu croyais que j'allais fuir?... Non, Marthe; j'ai conduit notre révérend au torrent voisin... je me suis agenouillée humblement... j'ai croisé mes bras sur ma poitrine, et j'ai dit : « Mon père, j'ai l'âme, j'ai la foi d'une chrétienne; on persécute la religion du Christ; je veux être parmi les martyrs, baptisez-moi. » Le prétre s'inclina, prit de l'eau dans ses mains, m'en versa sur le front en disant : « Sois chrétienne ! »

MARTHE, lui donnant la main.

Oh !...

GULNARE, à Ben-Yacoub.

Voilà comment je viens te dire : « Je demande ma part de martyre, je suis prête à mourir ! »

BEN-YACOUB, menaçant.

Malheureuse !!!

GULNARE, montrant un crucifix qu'elle portait sur son sein.

Je suis chrétienne.

(Grands cris au dehors de gens qu'on massacre.)

BEN-YACOUB.

Entends-tu ces cris ? C'est la colère et le glaive d'Allah qui tombent sur les giaours... leur supplice sera le tien... Prends garde !...

GULNARE.

Je suis chrétienne !...

(On voit au loin l'incendie dans la ville à travers les fenêtres.)

BEN-YACOUB.

Regarde... c'est la ville qui brûle... et ceux qui voudront sortir seront repoussés dans les flammes et seront brûlés comme elle !

GULNARE, s'agenouillant.

Je suis chrétienne !... (Regardant le crucifix avec ferveur.) Mon Dieu ! pardonnez à ceux qui vous abandonnent, ils ne savent pas ce qu'ils font.

PREMIER PRISONNIER, aux autres.

L'entendez-vous ! l'entendez-vous !...

GULNARE, de même.

Vous êtes mort pour nous sauver, et ceux que vous avez sauvés vous renient ; pardonnez-leur !

DEUXIÈME PRISONNIER.

Et c'est une femme !...

BEN-YACOUB, bas à Gulnare.

Tu comptes peut-être sur mon amour... tu comptes sur ma faiblesse.. Mais, par Allah ! je ne peux rien... Ces hommes te tueront sous mes yeux !... Tais-toi ! tais-toi !...

GULNARE, se relevant.

Où sont vos bourreaux, je suis prête !

BEN-YACOUB.

Tu te perds !

PREMIER PRISONNIER, aux autres.

La peur nous a abâtardis... nous sommes moins que des femmes !

MARTHE, prenant la main de Gulnare.

Viens, ma sœur !

GULNARE.

Oui, viens !... — Nous voici, bourreaux !

ALI-BEY.

Par Mahomet, tu nous as bravés pour la dernière fois !
(Il lève son sabre.)

PREMIER PRISONNIER, bondissant.

Ah !... nous d'abord !...
(Il arrache le sabre au soldat.)

LES SOLDATS.

Giaours !

LES PRISONNIERS, se jetant sur eux.

Assassins !... Nous sommes chrétiens !... A bas les Druses !... à bas Mahomet !...
(Mêlée terrible.)

BEN-YACOUB, tirant son cimeterre.

Ah !...

GULNARE, se mettant devant lui.

Tu passeras d'abord sur mon cadavre !
(Ben-Yacoub hésite un moment, puis brise son cimeterre de colère et de honte.)

GULNARE, aux prisonniers qui ont désarmé les Druses, élevant sa croix.

A la délivrance de nos frères !...
(Ils sortent précédés de Gulnare et de Marthe.)

RIDEAU.

SIXIÈME TABLEAU.

LE CONSEIL DE GUERRE.

Une salle du palais du gouverneur à Damas. Au fond, un balcon donnant sur la place.

SCÈNE PREMIÈRE.

GEORGES, ALI-BEY, un Greffier, le Garde.

(Georges est assis; le greffier écrit; Ali-Bey est debout près du greffier et attend; celui-ci, après avoir relu ce qu'il vient d'écrire, lui passe le papier. Le garde se promène de long en large.)

PAPILLON, de la porte.

J'entrerai!... j'entrerai!... (Apercevant le garde.) Je suis le marchand de parfums... j'ai vendu...

LE GARDE, le repoussant.

Dehors! dehors!...

PAPILLON.

J'ai vendu...

LE GARDE, le mettant à la porte.

Dehors!

ALI-BEY, à Georges.

Voici votre déposition; approuvez et signez.

GEORGES.

Je signerai après avoir lu.

ALI-BEY.

Tu peux lire.

GEORGES, après avoir lu.

Je n'ai rien dit de cela.

ALI-BEY.

Qu'as-tu dit, alors ?

GEORGES.

Ceci : J'étais venu à Damas pour demander au pacha justice et vengeance de l'assassinat commis sur mon père par les égorgeurs de Ben-Yacoub...

ALI-BEY.

Bien, passons.

GEORGES, continuant.

Justice et vengeance du rapt commis sur ma fiancée...

ALI-BEY.

Passons, passons !

GEORGES.

Justice et vengeance de l'enlèvement de ma mère... ma mère, une Moréac, une femme noble et libre, vendue comme esclave !... Quant à moi, il m'importe peu... Je suis arrivé de nuit à Damas, j'ai été poursuivi par des furieux ; je me suis réfugié dans un bazar ; le lendemain, en me réveillant, j'avais un cadavre à mes côtés, et je fus accusé d'avoir assassiné cet homme ! Accusation monstrueuse et stupide, mais qui vous suffit, puisque vous avez résolu ma perte. Seulement ne cherchez pas à vous affubler des apparences de la justice. Assassinez, c'est bien... assassinez, c'est votre métier, faites.

ALI-BEY.

Tu refuses de signer ?

GEORGES.

Oui.

(Mouvement d'Ali-Bey.)

ALI-BEY, au greffier.

Venez ! (Au garde.) Tu réponds du prisonnier sur ta tête.

(Ils entrent dans la salle à droite. Georges se rassied. Papillon reparaît ; il passe la tête à travers la porte latérale du fond, puis entre ; il a le costume des marchands de parfums.)

SCÈNE II.

GEORGES, PAPILLON, LE GARDE.

PAPILLON, au garde.

C'est encore moi! (Il lui met une pièce de monnaie dans la main.) J'ai vendu au gouverneur de Damas des parfums, je viens chercher mon argent.

LE GARDE.

Son Excellence le pacha est absent.

PAPILLON, à part.

Je le sais bien! (Haut.) Je vais attendre.

LE GARDE.

Dehors.

PAPILLON, lui donnant de l'argent.

Non, ici. (Bas à Georges.) J'ai prévenu Abd-el-Kader... il essaiera de vous sauver. (Au garde.) Le pacha sera-t-il longtemps absent?

LE GARDE.

Trois jours.

PAPILLON.

Ah! (Lui donnant une pièce de monnaie.) J'attendrai trois jours... ça vous est égal, pas vrai? (A part en riant.) Ce bon Turc. (Bas à Georges.) Gagnez du temps.

GEORGES.

Tu ne me parles pas de ma mère?

PAPILLON.

Aucunes nouvelles.

GEORGES.

Et Marthe? et Gulnare?

PAPILLON.

Elles se sont conduites comme des héros; elles ont soulevé les Maronites retenus prisonniers chez Ben-Yacoub; mais, en sortant de la ville, leur petite troupe a été dispersée par la mitraille, et elles ont disparu!...

GEORGES.

Mortes, peut-être?...

PAPILLON.

Non, on n'a pas retrouvé leurs dépouilles.

(L'officier reparaît.)

ALI-BEY, du seuil de la porte.

Le prisonnier.

PAPILLON, bas à Georges.

Espérez! espérez!

(Georges suit l'officier.)

SCÈNE III.

PAPILLON, LE GARDE.

PAPILLON, à part.

Pauvre monsieur Georges!

(Il va pour sortir, le garde lui barre le passage.)

LE GARDE, lui tendant la main.

Rien pour avoir causé avec le prisonnier?

PAPILLON, à part.

Tiens, il est moins bête que je croyais. (Il donne un peu d'argent.) C'est de la mendicité, ça, vous savez... enfin. On vous doit trois mois de paye, je parie?

LE GARDE.

Quatre.

PAPILLON.

Et vous avez femme et enfants?

LE GARDE.

Trois femmes, deux enfants...

PAPILLON.

Un père de famille intéressant. Pourquoi ne pas vous payer vous-même?.

LE GARDE.

Comment?

PAPILLON.

Comment? (A part.) Un Turc qui parle est à moitié gagné. (Se rapprochant.) Mais le prisonnier est un Moréac, — des gens riches, — un gros poisson qui paierait cher sa liberté?...

LE GARDE.

Combien?

PAPILLON.

Mille piastres.

LE GARDE.

Dix minutes avant l'exécution, je serai dans la cour du palais avec vingt hommes déterminés.

PAPILLON.

J'aurai la somme.

LE GARDE.

Convenu.
(Il reprend sa promenade.)

PAPILLON, à part.

Je commence à respirer. Heureusement qu'il restait encore un Turc à corrompre. — Chez Abd-el-Kader!
(Il sort.)

LE GARDE, avec un rire féroce.

Ah! ah!... ce sera mille piastres de gagnées et une tête de giaour de moins, voilà tout.
(Entrent Daoub-Kaïbar, Ali-Bey, des notables.)

SCÈNE IV.

DAOUB-KAIBAR, ALI-BEY LES NOTABLES.

DAOUB-KAIBAR.

C'est un Moréac... un Breton... Il faut compter avec ces gens-là, mes enfants...

ALI-BEY.

Il n'avouera rien, c'est évident. Alors, passons outre!

TOUS.

Passons!

DAOUB-KAÏBAR.

Non, mes enfants, non... les apparences d'abord... les apparences, les apparences.

TOUS.

Encore!

DAOUB-KAÏBAR.

Le pacha est absent, et, en son absence, le mufti lui-même ne pourrait signer un arrêt de mort, vous le savez bien.

ALI-BEY.

Mais toi ?

DAOUB-KAÏBAR.

Moi ?

ALI-BEY.

Crains-tu de laisser derrière toi une preuve visible de ton zèle ?...

DAOUB-KAÏBAR.

Non, certes... mais je n'aime à empiéter sur les prérogatives de personne... Vous connaissez mes idées... j'ai ma petite politique aussi... enfin, les apparences avant tout, les apparences... Je dis donc qu'il faudrait un firman du sultan, contre-signé au moins par le mufti, pour procéder légalement à une exécution capitale; mais je vous ai donné un bon conseil, suivez-le...

ALI-BEY.

Un conseil ?

TOUS.

Quel est-il ?

DAOUB-KAÏBAR.

Vous ne m'écoutiez même pas... Ah! c'est mal... mais la vieillesse est parleuse : cette sentence de mort, selon moi, ne doit pas être seulement la satisfaction des musulmans... il faut qu'elle soit aussi, pour tous les enfants de l'Islam, la sanglante humiliation de l'Europe...

ALI-BEY.

De l'Europe ?...

DAOUB-KAÏBAR, au kihaya.

Les consuls sont à cette heure en conférence, comme nous en conseil de guerre, pour aviser à contenir la population de Damas...

SIXIÈME TABLEAU.

Eh bien! fais demander... mais en termes vagues... fais demander aux consuls réunis, si, en l'absence d'un firman du sultan, tu peux, toi, kihaya du pacha, prendre toutes mesures ou décisions utiles que nécessiteraient les circonstances. La terreur où ils sont les conseillera. Ils répondront affirmativement, et ce sera de leur consentement que la tête d'un chrétien tombera.

ALI-BEY.

Je comprends. (Tout en écrivant.) D'ailleurs, les vrais croyants s'agitent déjà... La D'Jemmala est parmi eux... nous aurons la main forcée de ce côté-là, s'il le faut.
(Sur la dernière phrase, il a cacheté la lettre; la remettant à l'officier.)

ALI-BEY.

Au consulat!... (L'officier sort; à Daoub-Kaïbar.) La D'Jemmala attise la colère du peuple, nous pouvons être tranquilles. Maintenant, n'oublions pas que nous sommes réunis en conseil de guerre pour délibérer sur le choix des moyens propres à protéger la population chrétienne de Damas.

DAOUB-KAÏBAR, avec un sourire sinistre.

Oui, protection, protection complète. (Raillant.) Mais nous ne sommes pas au complet. 'Abd-el-Kader ne doit-il pas siéger au conseil?

ALI-BEY.

Oui.

DAOUB-KAÏBAR.

Au fait, comment oserait-on prendre un parti sans son assentiment?

PREMIER NOTABLE.

Le défenseur des chrétiens!

DAOUB-KAÏBAR.

L'apôtre de la civilisation et de la tolérance!

ALI-BEY.

L'idole des deux mondes!

PREMIER NOTABLE.

Un hypocrite!

DAOUB-KAÏBAR.

Un ambitieux !...

ALI-BEY.

Et dire que c'est l'homme qui a si vaillamment défendu en Afrique la cause de l'islamisme !

DAOUB-KAÏBAR.

Il jouit maintenant dans le repos du prix de sa défection !...

ALI-BEY.

Dans le repos et dans la honte, car il est prêt à combattre contre nous, nous, ses frères.

PREMIER NOTABLE.

Le traître !...

DAOUB-KAÏBAR.

Le renégat !...

ALI-BEY.

Le misérable !...

Depuis un moment Abd-el-Kader est en scène ; il va s'asseoir à la table et les écoute.)

SCÈNE V.

LES PRÉCÉDENTS, ABD-EL-KADER.

ABD-EL-KADER, très-calme.

J'ai été invité à prendre part aux délibérations du conseil militaire de Damas, me voici.

TOUS.

Abd-el-Kader !...

ABD-EL-KADER.

C'est un honneur que vous me faites dont je me souviendrai...

DAOUB-KAÏBAR, à part.

Comme il est calme !.. (Aux autres, bas.) Il n'a rien entendu.

(Ils s'asseyent autour de la table.)

ABD-EL-KADER.

Je connais le but de la délibération; l'existence des sujets chrétiens du sultan est menacée. Mais le kihaya a six cents hommes de nisam et plusieurs pièces d'artillerie; et moi douze cents Algériens que je mets à vos ordres. Que le kihaya les fasse placer devant le quartier chrétien, en déclarant que les égorgeurs seront accueillis par les balles et foudroyés par la mitraille... qu'il proclame que le sang du premier giaour qui coulera, dans quelque partie de la ville que ce soit, sera immédiatement et implacablement vengé... je suis certain qu'on ne touchera pas à un cheveu d'un seul chrétien. Voilà mon avis : il peut manquer d'éloquence, mais il ne manque pas de clarté.

ALI-BEY.

Ainsi, tu veux que je fasse de mes soldats les esclaves dociles, les défenseurs inféodés des infidèles ?

ABD-EL-KADER.

A moins que tu ne veuilles en faire les valets de bourreaux de leurs persécuteurs.

ALI-BEY.

Abd-el-Kader!...

ABD-EL-KADER.

J'ai dit... à toi d'agir.

(L'officier revient, il remet une lettre au kihaya.)

DAOUB-KAÏBAR, à part.

Ah!

ALI-BEY, après avoir lu, à l'officier.

Amenez le prisonnier. (L'officier sort; bas à Daoub Kaïbar, avec joie.) Les consuls sont pour l'affirmative!

DAOUB-KAÏBAR.

Que te disais-je?... tu es à couvert maintenant devant l'Europe.

ABD-EL-KADER, à part.

Daoub-Kaïbar sourit. Est-ce que le sang coulerait déjà?

(On amène Georges.)

SCÈNE VI.

Les Mêmes, GEORGES.

ABD-EL-KADER, à part.

Ah ! je comprends !...

ALI-BEY.

Tu es condamné à mort pour avoir traîtreusement assassiné un musulman.

GEORGES.

Où est le bourreau ?...

ABD-EL-KADER, à part.

Le malheureux !... il les brave !...

ALI-BEY.

Tu n'oses plus nier : on t'a confronté avec le corps de la victime.

GEORGES.

On a bien fait en cela... je l'aurai au moins aperçu une fois dans ma vie.

ALI-BEY.

Tu prétends que tu es innocent ?

GEORGES.

Qui vous parle de cela !... Nous autres Bretons, nous n'aimons pas les paroles inutiles... nous n'aimons surtout pas à dire aux autres ce qu'ils savent mieux que nous...

ALI-BEY.

Tu oserais calomnier tes juges ?

GEORGES.

Tenez, ne recommençons pas cette comédie de la pudeur et de l'équité. Vous m'avez condamné, c'est bien... vous voulez ma tête, prenez-la : elle tombera sans qu'une goutte de mon sang vienne plaider contre moi... sans même daigner peut-être vous maudire... mais ne m'infligez pas plus longtemps le spectacle dégradant de cette basse et honteuse cruauté qui n'a même pas l'audace de sa laideur... Non, vrai Dieu, ne me faites pas cette suprême injure de croire que si j'avais plongé mes mains dans le sang de l'un de vous, je ne les élèverais pas avec orgueil, avec joie, toutes frémissantes vers le ciel, comme un appel à la justice de Dieu !...

ALI-BEY.

Ta rage éclate enfin.

TOUS.

Misérable ! assassin !

GEORGES.

Les entendez-vous ?... et dire que c'est devant l'Europe chrétienne qu'ils osent élever la voix !... ils se font une arme contre nous même de notre mansuétude et de notre appui !... Ah ! cœurs ingrats, tyrans subalternes, politiques ténébreux et fatals, dont nous avons pitié, et que nous devrions écraser du talon, vermines infâmes, et repousser du pied dans la tombe, après avoir essuyé nos semelles sur vos cadavres !...

TOUS, tirant leur sabre.

Ah ! giaour !...

ABD-EL-KADER.

Vous ne l'assassinerez pas devant moi, n'est-ce pas ?
(Ils s'arrêtent.)

DAOUD-KAÏBAR.

Tu as raison... (Aux autres.) L'émir a raison... le calme convient à la justice.

(Ils se rasseyent; cris au dehors.— La D'Jemmala entre.)

SCÈNE VII.

Les Précédents, LA D'JEMMALA.

LA D'JEMMALA, s'approchant.

La foule s'impatiente... elle demande la mort du condamné...
(Cris au dehors.)

GEORGES.

Allons!... hâtez-vous donc!... de quel droit faites-vous attendre la bête fauve qui a faim?... vous voyez bien que c'est son heure!...

ALI-BEY, se levant.

Emmenez-le.

ABD-EL-KADER.

Un instant!... cet homme se nomme Georges de Moréac... il ne peut être coupable... je le connais... je réponds de lui!...

(Cris au dehors.)

ALI-BEY.

Va demander à cette foule indignée le pardon du coupable... tu peux compter sur nous si elle y consent.

ABD-EL-KADER, à part.

C'est fait de lui!

(Nouveaux cris.)

GEORGES, à Abd-el-Kader.

Je suis perdu, émir... réservez-vous pour ceux que l'on peut sauver encore.

(Les cris redoublent.)

LA D'JEMMALA.

Justice... justice!... dépêchez-vous... la foule va forcer les portes du palais!...

ALI-BEY, allant au fond.

Peuple de Damas, en vertu des pouvoirs que j'ai, justice sera faite. (Acclamation dans la foule.) Le muezzin, du haut de la mosquée, va bientôt annoncer la prière; à son troisième cri, la tête du meurtrier tombera. (Acclamation frénétique au dehors. A l'officier.) Emmenez le condamné!...

LA D'JEMMALA.

Je veillerai sur lui.

DAOUD-KAÏBAR, à part.

Bien.

GEORGES.

Abd-el-Kader, adieu!

ABD-EL-KADER.

Georges de Moréac, au revoir.

LA D'JEMMALA, à Georges.

Allons.

(Ils sortent.)

SCÈNE VIII.

Les Mêmes moins LA D'JEMMALA et GEORGES.

DAOUB-KAIBAR.

Au revoir, as-tu dit?...

ABD-EL-KADER.

Oui, car vous ne le ferez pas mourir.

ALI-BEY.

Ce n'est pas nous, c'est la loi qui le frappe.

ABD-EL-KADER.

Mais vous savez bien qu'il est innocent?

ALI-BEY.

Les témoins ont parlé.

ABD-EL-KADER.

Des témoins!... mais je sais tout!... (Mouvement.) La victime a été tuée d'un coup de couteau dans une rixe derrière la mosquée... Le cadavre a été déposé près de Georges pendant son sommeil, par la D'jemmala qui a promis sa tête à Ben-Yacoub... enfin tu veux sa mort, Daoub-Kaïbar, moins par cruauté que pour faire triompher ta monstrueuse politique... politique de ténèbres et de meurtres qu'une haine aveugle te conseille!... tu es le génie de l'astuce : en faisant contre-signer la sentence de mort d'un chrétien innocent par les consuls... Tu crois dépouiller aux yeux de tes peuples les nations de l'Occident du prestige de leur force... Tu espères affranchir les égorgeurs de la crainte des représailles en faisant agenouiller l'Europe trompée et calomniée devant un infâme échafaud!

ALI-BEY.

Il est trop tard..

6.

ABD-EL-KADER.

Il n'est jamais trop tard pour répudier une honte... jamais trop tard pour se réconcilier avec l'honneur et avec Dieu!

ALI-BEY.

Devant Allah, comme devant les hommes, nous acceptons la responsabilité de nos actes.

ABD-EL-KADER, regardant du côté de la fenêtre.

Oh! regardez : le muezzin monte au minaret... le temps si court qu'il se recueille et une tête innocente va tomber!... Ah! écoutez-moi!... écoutez-moi par pitié!... il ne s'agit plus de ce jeune homme, il s'agit de l'abîme sans fond que sa tête en tombant va creuser... de la voie fatale où vous vous engagez!... Vous avez résolu le massacre des chrétiens d'Asie... vous croyez ainsi assurer la durée de votre empire... mais les trônes qui ne sont étayés que de cadavres, les trônes affermis sur des morts s'écroulent tôt ou tard emportés par un fleuve de sang dans la poussière des ossements!

TOUS.

Bien! bien!

ABD-EL-KADER.

Quel appui aurez-vous, alors?... quel peuple vous tendra la main?... Est-ce le lion du Nord qui surveille Constantinople?... Est-ce le léopard qui regarde l'Égypte?... Est-ce l'aigle à deux têtes qui plane sur le Danube?... vous ne voyez pas où sont vos amis!... La France seule vous maintient au rang des nations... son souffle seul vous galvanise; si demain, elle retirait sa main puissante, le craquement de la Turquie et l'écroulement s'accompliraient, et les peuples, d'Orient et d'Occident, comme des vautours, viendraient battre des ailes autour de la morte et disputer leur part de dépouilles!...

ALI-BEY.

Nous verrons!...

ABD-EL-KADER.

Lorsque vous étiez au ban des nations, et condamnés... lorsque la Turquie effarée et agonisante allait voir les armées du czar au pied des murs du sérail et les chevaux de l'Ukraine se désaltérer dans le Bosphore, qui lui a tendu la main... qui l'a sauvée?... La France!... Elle vous a envoyé ses plus nobles soldats; elle a dépensé pour vous le plus pur de son sang... et vous allez braver sa colère!... appeler toutes ses vengeances... Quoi! l'herbe n'a peut-être pas encore repoussé sur les tombes de l'Alma!... quoi! le vaste ossuaire de Sébastopol n'a peut-être pas encore blanchi tout entier, et votre reconnaissance vous pèse... et vous assassinez, je ne dirai pas lâchement, mais stupidement... je ne dirai pas vos défenseurs d'hier, mais vos sauveurs de demain!

ALI-BEY.

C'est écrit!

TOUS.

Oui! oui!

ABD-EL-KADER, regardant du côté de la fenêtre.

Ah! le muezzin! le muezzin!... — il est là, au sommet du minaret... il s'agenouille... dans un instant, il va proclamer la prière... et dans un instant il serait trop tard, réfléchissez!

ALI-BEY.

Les vrais croyants prieront au bruit d'une tête chrétienne qui tombe.

TOUS.

Oui! oui!

ABD-EL-KADER.

Malheureux!... mais vous n'entendez donc pas, du côté de l'Occident, les Francs qui s'agitent déjà!... mais leur glorieux et puissant souverain qui a tout quitté pour protéger un peuple étranger et ressusciter l'Italie de ses propres mains, mais il vous demandera compte des meurtres accomplis... du sang des siens... du sang de ceux qui tiennent à son pays par l'effusion de la reconnaissance et la confraternité des souvenirs... Oh! je le connais... il se lèvera le premier... le premier, il appellera la civilisation contre la barbarie... il viendra... il vient peut-être!

ALI-BEY.

Qu'il vienne!

ABD-EL-KADER.

Ah! le muezzin!... le muezzin!... il étend les bras, il va parler!... Ah! grâce! grâce!...

LA VOIX DU MUEZZIN.

Peuple de Damas...

ABD-EL-KADER, désespéré.

Oh! cette voix!

LA VOIX DU MUEZZIN.

Voici l'heure de la prière, priez!

ABD-EL-KADER, tombant à leurs pieds.

Il en est temps encore!... au nom du ciel, épargnez cet innocent... au nom du Dieu unique, au nom d'Allah et de Mahomet, sauvez ce juste!

LA VOIX DU MUEZZIN.

Voici l'heure de la prière, priez!

ABD-EL-KADER, se relevant.

Eh bien, malheur, malheur... et que son sang retombe sur vous si j'arrive trop tard pour le sauver!

TOUS, lui barrant le passage.

Tu ne sortiras pas!

ABD-EL-KADER, tirant son épée.

Arrière!... de par Mahomet, le premier qui fait un pas, je le tue!

(Il sort.)

LA VOIX DU MUEZZIN.

Voici l'heure de la prière, priez!

DAOUB-KAÏBAR.

Il arrivera trop tard.

SEPTIÈME TABLEAU.

LE PALAIS D'ABD-EL-KADER.

La grande cour orientale du palais d'Abd-el-Kader. — Au milieu une fontaine. — Salle d'entrée donnant sur un grand escalier au fond conduisant aux appartements de l'émir. — On aperçoit le jardin. Au lever du rideau, les soldats algériens.

SCÈNE PREMIÈRE.

ABD-EL-KADER, AISSA, SIDI-SADOK, YOULEF, KHÉIRA, GEORGES.

(Aïssa est assise. — Youlef est au fond causant dans un groupe. — Khéira est près de sa fille debout. — Des jeunes filles viennent puiser de l'eau à la fontaine dans des amphores et s'éloignent ; les unes arrosent les jardins, les autres montent dans les appartements. - Abd-el-Kader entre suivi de Georges.)

ABD-EL-KADER.

Voici un chrétien... un Français... Il est ici chez lui désormais... il est mon hôte, il est mon frère.
(Tout le monde s'incline. Georges se mêle parmi les Algériens; Abd-el-Kader va à sa famille.)

AÏSSA présente son front à son père.

Tu ne m'as pas encore embrassée.

ABD-EL-KADER, après l'avoir embrassée.

Aïssa, tu as pleuré ?

AÏSSA.

On vient de me raconter les massacres de Saïda... J'ai pleuré malgré moi.

ABD-EL-KADER.

La ville de Damas est encore calme, heureusement.

AÏSSA.

Veux-tu me permettre d'aller prier, mon père ?

ABD-EL-KADER.

A la mosquée, n'est-ce pas ?

AÏSSA, baissant les yeux.

Oui, mon père.

ABD-EL-KADER.

Je t'ai pourtant surprise hier priant dans une église ?

AÏSSA.

C'est vrai... je m'étais trompée... ou plutôt une force irrésistible m'avait poussée là.

(Mouvement imperceptible d'Abd-el-Kader.)

KHÉÏRA, à part.

Hélas !

AÏSSA, continuant.

On venait de retracer à mes yeux les horribles cruautés exercées contre les chrétiens dans la montagne. J'avais le cœur gros de larmes. Je me disais qu'on devait mieux prier dans la maison des martyrs; une église s'est présentée, et j'y suis entrée.

ABD-EL-KADER, tristement.

Ton âme va de ce côté, mon enfant... je ne te blâme pas. Mais songe que tu es du sang de Mahomet. (Montrant Khéïra.) Songe surtout à ta mère qui tient à son Dieu... et à moi, qui n'ai que toi en ce monde pour me faire une fête intérieure quand je te vois et quand tu me parles. J'ai connu toutes les gloires et épuisé toutes les douleurs. J'ai vu mourir mon père, disperser ma tribu, crouler mon empire. J'ai été captif, et sans une main généreuse et bénie, je serais encore dans les fers. Mais tout cela ne serait peut-être rien, si tu restais toujours près de moi. Tu m'aimes, je le sais. Mais j'ai des tristesses indéfinissables quand je regarde ton front rêveur et tes joues pâles; je me demande si ce n'est pas ton âme qui rêve !... Et à quoi peut-elle rêver, puisque tu n'as qu'à désirer pour tout avoir ?...

AÏSSA, l'embrassant.

Je suis bien coupable puisque je te fais pleurer !

ABD-EL-KADER.

Non!... va à la mosquée! (Aïssa sort accompagnée de quelques esclaves; elles sont voilées. A part.) Allons aussi prier!... oui!... mais seul... en face des empires qui croulent et des civilisations mortes!... Oh! Mahomet, la race d'Islam s'en va, et ton nom s'efface même du cœur de ma fille!... Triste! triste! triste!

(Il s'en va la tête basse et en pleurant.)

KHÉÏRA, à part, en le suivant des yeux.

Hélas!

(Elle sort.)

SCÈNE II.
SIDI-SADOK, YOULEF, DES ALGÉRIENS.

YOULEF, à part, en suivant aussi Abd-el-Kader des yeux.

Qu'a donc le maître?... (Haut à Sidi-Sadok.) A quoi penses-tu, Sidi-Sadok?

SIDI-SADOK, se levant.

A ce que nous faisons ici... à rien...

YOULEF.

Le glorieux émir ne peut faillir... S'il nous ordonne le repos, il fait bien.

SIDI-SADOK.

Il ferait mieux s'il nous conduisait encore au combat au nom de Mahomet. Tu es jeune, Youlef... tu n'as pas connu comme moi cette vie de l'Afrique... ces luttes incessantes... ces poursuites... ces ruses de guerre... ces fuites victorieuses!... C'étaient des luttes de géants!... Ah! pourquoi l'émir, lorsque la liberté lui était rendue, n'a-t-il pas repris avec nous cette vie aventureuse et fière, où l'on marchait entre le triomphe et le martyre, au lieu de nous condamner à parader dans les cours de son palais comme des chevaux, ou à dormir à l'ombre de ses jardins comme des chiens!

YOULEF.

Patience, Sidi-Sadok... Abd-el-Kader nous mènera bientôt au combat avec les enfants d'Allah!...

SIDI-SADOK.

Que veux-tu dire ?

YOULEF.

La guerre est déclarée entre les Druses et les Maronites... tout le Kesraouan est en feu.. Saïda a été incendié... on s'est même battu, dit-on, jusqu'aux portes de Damas.

SIDI-SADOK.

Allons donc !... et tu ne disais pas cela !... Je verrai donc encore des épées ! Mais quel est ce bruit ? (A un Algérien qui accourt.) Eh bien, qu'est-ce ?

L'ALGÉRIEN.

C'est le chrétien que notre maître a sauvé de la mort, qui veut te parler. Il est suivi d'hommes fugitifs, de vieillards, d'enfants... on dirait un peuple en déroute qu'on poursuit... Ce sont des chrétiens !

SIDI-SADOK.

Des chrétiens !...

(Georges force la porte et entre.)

SCÈNE III.

LES PRÉCÉDENTS, GEORGES, DES FUGITIFS.

GEORGES.

Où est l'émir ?

SIDI-SADOK.

Je le remplace, que voulez-vous ?

GEORGES, montrant les fugitifs.

Ces malheureux demandent asile !

SIDI-SADOK.

Ici ?...

GEORGES.

Ils ont fait trente lieues en deux jours !... Capitaine, faites vite ouvrir les portes !... les Druses sont à leur poursuite... dans un instant ils seront ici!... et hommes, femmes, vieillards seront immolés jusqu'au dernier sur le seuil du palais de l'illustre émir!... Ah! par pitié, sauvez-les, sauvez-les!

TOUS.

Pitié! pitié!...

SIDI-SADOK.

Mais si les Druses sont sur leurs pas... s'ils ont pénétré dans la ville sainte... est-ce qu'ils respecteront davantage ce palais?

GEORGES.

Nous combattrons!

SIDI-SADOK.

Allons donc!

GEORGES.

Vous êtes nombreux, braves, bien armés, commandés par un héros... Vous avez un palais bien fortifié, vous n'hésiterez pas!

SIDI-SADOK.

Oh! ce n'est pas le combat qui m'effraye... mais la lutte impie contre nos frères pour des chrétiens! (Aux Algériens.) Fermez les portes!

GEORGES.

Vous ne ferez pas cela!

SIDI-SADOK.

Fermez, fermez!

GEORGES.

Vous ne les fermez pas, ces portes, vous les ouvrez à la honte et au déshonneur!

SIDI-SADOK.

Hein!

GEORGES.

En refusant de donner asile à ces malheureux, tu fais outrage à la générosité de ton maître!

SIDI-SADOK.

C'est contre sa générosité même que je veux le protéger!

(Bruits au loin.)

GEORGES.

Entends-tu ces cris lointains?... Ce sont les égorgeurs du Kesraouan et de Saïda qui approchent !... Écoute, écoute !... Si les portes de ce palais ne s'ouvrent pas à l'instant, c'est un peuple que tu condamnes à la mort et que tu livres aux couteaux !

SIDI-SADOK.

En les accueillant, j'appelle sur la tête de l'émir la vengeance des Druses et la colère des Ottomans... (Aux chrétiens.) Sortez ! sortez !

TOUS.

Grâce ! grâce !

GEORGES.

Oh !

SIDI-SADOK, aux soldats.

Allons ! qu'on les chasse... Par Mahomet, obéissez... Je suis le maître en l'absence de l'émir !

(Abd-el-Kader paraît en haut de l'escalier.)

SCÈNE IV.

Les Précédents, ABD-EL-KADER.

ABD-EL-KADER.

Mais me voilà, moi !

TOUS.

Abd-el-Kader !

ABD-EL-KADER.

Laissez ici ces malheureux, et faites entrer leurs frères !
(Les fugitifs se pressent autour d'Abd-el-Kader.)

TOUS.

Merci, seigneur ! merci !

SIDI-SADOK.

Mais il faudra les défendre contre les Druses qui les poursuivent ?

ABD-EL-KADER.

Eh bien, nous les défendrons !

SIDI-SADOK.

Dans le sang des musulmans ?...

ABD-EL-KADER.

Dans le sang de leurs persécuteurs... Les bourreaux ne sont d'aucune religion.

SIDI-SADOK.

Mais, maître, tu oublies...

ABD-EL-KADER.

Je me souviens!... je me souviens d'Amboise!... Jusqu'ici, je n'ai pu rien pour témoigner ma reconnaissance à qui a brisé mes fers! Ah! c'était là le plus cruel de tous les bannissements : j'étais exilé dans mon impuissance!... Aujourd'hui des fugitifs, des suppliants, des malheureux sans défense viennent demander un refuge... et ce sont des chrétiens... des enfants de la France par la croyance, par l'origine!... A moi de les sauver tous par un effort suprême et sanglant, s'il le faut!... J'ai dû au sultan de France l'indépendance et la dignité, je lui rends un grand dévouement... Demain, aujourd'hui même peut-être, la nouvelle de mon loyal concours sera transportée au-delà des mers, sur des ailes magiques, et ma reconnaissance volera vers le noble pays où j'ai connu encore une patrie... la patrie du bienfait!
(Entrée des fugitifs, hommes, vieillards, femmes, enfants, infirmes, qui remplissent la scène.)

ABD-EL-KADER.

Asile à tous ces malheureux... aliments à ceux qui ont faim... vêtements à ceux qui ont froid!

TOUS.

Vive Abd-el-Kader!

SIDI-SADOK.

Mais où trouver tant de vêtements!

ABD-EL-KADER.

N'avons-nous pas les nôtres, nous qui sommes leurs hôtes... nous qui ne sommes pas épuisés par la fatigue et la terreur!
(Il dépouille son cafetan et sa robe qu'il donne à l'un des fugitifs. Les fugitifs l'entourent et pleurent de reconnaissance à ses genoux.)

KÉIRA, à Sidi-Sadok.

Il y a du danger à être dehors, va chercher ma fille!

GEORGES.

Deux hommes valent mieux qu'un; Sidi-Sadok, je t'accompagne.

KÉÏRA.

Prenez une escorte, allez, allez!

(Ils sortent.)

KÉÏRA, à part.

Je ne sais pourquoi, mais je tremble!

(On entend tinter la sonnette d'entrée.)

YOULEF, revenant.

Émir, le chef des Druses demande à te parler.

LES FUGITIFS.

Le chef des Druses!

(Mouvement dans la foule.)

ABD-EL-KADER.

Ne craignez rien, mes hôtes, Abd-el-Kader vous protége!...

(Les fugitifs se groupent au fond. Ben-Yacoub entre.)

SCÈNE V.

ABD-EL-KADER, BEN-YACOUB.

ABD-EL-KADER.

Sois le bienvenu, Ben-Yacoub, si c'est aussi l'hospitalité que tu me demandes.

BEN-YACOUB.

L'hospitalité?.. non, c'est pour toi que je viens, Abd-el-Kader, non pour moi.

ABD-EL-KADER.

Parle donc.

BEN-YACOUB.

Des chrétiens se sont réfugiés chez toi... Ils appartiennent à notre justice... à notre vengeance, si tu aimes mieux... Est-ce que tu voudrais les prendre sous ta protection?

ABD-EL-KADER.

A moins que je ne te les livre, Ben-Yacoub?

SEPTIÈME TABLEAU.

BEN-YACOUB.

Et pourquoi pas ? Contre ces chiens d'infidèles, toutes les armes sont également légitimes : la ruse ou le fer, le plomb, la trahison même !

ABD-EL-KADER.

Crois-tu ?

BEN-YACOUB.

Tu ne peux pas vouloir protéger et sauver nos ennemis... des ennemis implacables qui seraient demain les assassins des enfants d'Allah !

ABD-EL-KADER.

Des assassins ? je ne vois ici que des malheureux... des victimes sans défense.

BEN-YACOUB.

En les protégeant, tu compromets le sanctuaire de Mahomet.

ABD-EL-KADER.

Je sauve le sanctuaire du culte le plus sûr : la conscience !

BEN-YACOUB.

Ainsi, tu défendrais ces giaours, même contre nous ?

ABD-EL-KADER.

Contre qui ne défendrais-je pas ceux à qui j'ai donné asile ?

BEN-YACOUB.

Abd-el-Kader, tu n'as pas voulu te rendre à mes paroles, tu reculeras devant nos armes.

ABD-EL-KADER.

Allons donc !... est-ce que l'hospitalité recule !...

BEN-YACOUB.

Nous sommes trois mille !...

ABD-EL-KADER.

Nous sommes douze cents !

BEN-YACOUB.

Qu'est-ce que cela devant trois mille hommes résolus !

ABD-EL-KADER.

Trois mille assassins devant douze cents soldats, ce n'est pas trop !...

BEN-YACOUB, menaçant.

Abd-el-Kader !...

ABD-EL-KADER, montrant des soldats.

Mais les voilà, mes Algériens !... regarde ces rudes têtes brûlées au feu des batailles et sillonnées de cicatrices !... mais ils ont vécu vingt ans la lance au poing et à cheval, dans la montagne, dans la plaine, partout où la poudre parlait; et, vingt ans, ils se sont battus, lions de l'Atlas, contre les lions de l'Occident, les Français !.... et tu veux que ces héros, ces héros de la patrie arabe, reculent devant toi ?.. Par Allah et par Mahomet, tu es fou si tu le penses, et tu as menti si tu le dis !...

BEN-YACOUB.

Ah !... prends garde... si les murs de ton palais nous dérobent notre proie, nous en forcerons l'entrée.

AB-EL-KADER.

On la disputera.

BEN-YACOUB.

On en fera le siége.

ABD-EL-KADER.

Nous le soutiendrons.

BEN-YACOUB.

Mais...

ABD-EL-KADER, éclatant.

Mais, tais-toi !... quand les lions passent dans le désert, les tigres et les chacals se taisent et les écoutent passer : nous sommes lion, tigre ou chacal, tais-toi !...

BEN-YACOUB.

Lion dégénéré, nous te prouverons que les giaours auxquels tu t'es vendu t'ont coupé les ongles. Adieu !... (Revenant sur ses pas.) Mais non !... non, c'est impossible... nous ne pouvons pas nous entr'égorger pour mieux assurer le salut de nos ennemis.

ABD-EL-KADER.

Que nos ennemis vivent si notre mort doit nous glorifier et nou relever à nos propres yeux !

BEN-YACOUB.

Tu vois donc sans terreur s'étendre et monter la domination chrétienne ?

ABD-EL-KADER.

Je vois deux spectres qui étouffent les empires : l'intolérance et le fanatisme !

BEN-YACOUB.

L'intolérance est une force !

ABD-EL-KADER.

La force du néant !

BEN-YACOUB.

Le fanatisme, c'est encore une foi !

ABD-EL-KADER

La foi des ténèbres !...

BEN-YACOUB, après un moment de silence.

Écoute, Abd-el-Kader, écoute... je vais t'ouvrir mon âme. Je suis ce que tu étais en Afrique, l'agitateur et le meneur de la guerre sainte. Je ne suis donc pas un assassin, un égorgeur, un bandit ; je suis un chef d'armée qui ne recule pas devant le sang pour faire triompher sa cause ; voilà tout. Mais ma cause, d'ailleurs, est la tienne : c'est l'indépendance de la race d'Islam que je veux ; et mon but sera le tien si tu oses l'envisager en face. Laissons les détails... qu'importe qu'une tête innocente tombe si elle doit, en tombant, assurer notre triomphe, fortifier et féconder notre ambition ? Le vrai, c'est que la Turquie s'en va, — ou les Turcs si tu aimes mieux. — Cette race efféminée, avilie, dégradée, ne se souvient plus de son passé ! Au contact de l'Europe, elle n'a emprunté aux nations latines que leur corruption pour compléter son abâtardissement. Elle a changé d'opprobre sans changer de mœurs. Elle n'est même plus un obstacle à Constantinople aux empiétements de l'Occident. Au contraire : elle attire la conquête comme la décomposition du cadavre appelle les vautours. Donc, elle est morte ; — et il faut l'ensevelir, — mais dans un linceul formidable et sanglant qui puisse être un drapeau au besoin et un défi. Voilà pourquoi les chrétiens de Syrie mourront... voilà pourquoi je veux un fleuve de sang entre les giaours et nous, et des montagnes d'ossements chrétiens entre l'empire d'Orient reconstitué et l'Europe qui nous menace. — L'heure est bonne. L'Europe est en armes, mais elle n'ose bouger; l'Italie, qu'ils ont agitée, les agite à leur tour; le trouble est parmi les nations; les peuples se comptent; les rois se troublent. Un peuple seul est calme, c'est la France. Mais elle attend la main sur son épée et les yeux aux quatre coins de l'Europe effarée qui l'accuse. Encore une fois, l'heure est bonne... mais pour accomplir cette œuvre, Abd-el-Kader, il faut des races vierges et courageuses qui, au fond de leurs montagnes, dans une vie de rudes privations et d'énergiques labeurs, n'aient pas désappris la guerre... il faut qu'elles relèvent l'empire d'Orient, comme un rempart infranchissable, contre ces Européens, les véritables barbares. Abd-el-Kader, tu es digne, toi, d'entendre ce langage et d'entrer dans un pareil projet : tu n'es pas déchu, tu es vaincu... tu n'es pas un esclave, tu es un prisonnier de guerre... tu ne cuves pas ton inaction dans l'épuisement de la débauche... tu dors du sommeil des braves et des forts... Réveille-toi, et à nous deux l'empire!... Tu te tais?... Ah! je comprends... l'émir, qui semble avoir oublié la gloire, ne s'est pas dépouillé de l'ambition... un trône partagé n'est plus un trône à ses yeux... Eh bien, soit!... tu as plus que moi la popularité de tes triomphes passés, le prestige de ta grande infortune dignement supportée... tu descends de Mahomet, enfin... Soit, soit!... je saurai m'immoler... je ne serai que ton premier lieutenant... à toi, à toi seul l'empire!... Le veux-tu?

ABD-EL-KADER.

Sortez!...

BEN-YACOUB, d'une voix terrible.

Eh bien donc, la guerre!... Abd-el-Kader, j'ai juré d'arriver à mon but en écrasant tous les obstacles : je vais rentrer dans ton palais le fer et la flamme à la main!

ABD-EL-KADER, calme.

Je t'attends, Ben-Yacoub.

BEN-YACOUB.

Tu n'attendras pas longtemps.

(Il sort.)

SCÈNE VI.

ABD-EL-KADER, avec joie.

Dieu m'est témoin que je n'ai écouté qu'un sentiment d'humanité... mais mon inaction me pesait... j'étouffais dans le calme!... Ah! je vais retoucher une épée, enfin, et sentir entre mes genoux frissonner et frémir mon cheval de guerre, et la poudre va parler!... (Aux Algériens placés dans le fond.) Fermez les portes... chargez les armes... le palais en état de défense!... (A Youlef.) Mon épée!..

LES FUGITIFS, tombant à ses pieds.

Ah! le glorieux appui!... le libérateur béni... le sauveur d'un peuple!...

(Ils baisent ses mains et le bas de sa robe.)

ABD-EL-KADER.

Les hommes ne s'inclinent que devant Dieu!.. relevez-vous, chrétiens : nous avons besoin de soldats!...

LES FUGITIFS, se relevant.

Des armes!... des armes!... des armes!...

ABD-EL-KADER, prenant son épée des mains de Youlef.

Napoléon III m'a donné cette épée... je me sentais assez grand pour l'accepter; je me sens assez digne pour m'en servir!... Je prouverai au sultan de France que cette main qu'il a touchée est sienne, que ce cœur qu'il a ému lui appartient, et qu'il a un serviteur dévoué et un soldat de plus en moi... Venez, venez!...

(Sidi-Sadok accourt.)

SCÈNE VII.

LES PRÉCÉDENTS, SIDI-SADOK, KÉIRA.

SIDI-SADOK.

Maître!... maître!...

ABD-EL-KADER.

Qu'as-tu, Sidi-Sadok?.. toi que la mort elle-même ne ferait pas trembler, tu es pâle, tu trembles, qu'as-tu donc?...

KÉÏRA.

Ma fille est en danger!...

SIDI-SADOK.

Oui!...

KÉÏRA.

Allah!...

ABD-EL-KADER.

Ma fille!...

SIDI-SADOK.

Elle était dans une église... l'église a été brusquement cernée par des hommes de Ben-Yacoub... « Pour avoir sa fille, Abd-el-Kader nous livrera les chrétiens! » s'écriaient-ils... et ils s'apprêtaient à enfoncer les portes!... Georges de Moréac, à la tête de mes douze hommes, tiendra bon tant qu'il aura une arme sous sa main et une cartouche à brûler... Mais il finira par céder sous le nombre... Maître, du renfort, du renfort!...

ABD-EL-KADER.

J'irai moi-même!...

YOUEF, accourant.

Maître, les Druses approchent!...

(Mouvement d'Abd el-Kader.)

ABD-EL-KADER.

Ah! mon Dieu!... et ces malheureux!...

KÉÏRA.

Sauve... sauve ta fille d'abord!...

UN FUGITIF, levant les mains au ciel.

Ah! nous sommes perdus!...

TOUS.

Nous sommes perdus!...

ABD-EL-KADER.

Non; mes lieutenants vous défendront.

LE FUGITIF.

Ils ont voulu nous livrer, ils le feront pendant ton absence!

TOUS.

Nous sommes perdus!... nous sommes perdus!...

(Lamentations.)

KÉIRA.

Notre fille est en danger, elle attend, elle t'appelle!... Ah! sauve-la!...

ABD-EL-KADER.

Écoute leurs sanglots!...

KÉIRA.

Eh! laisse-les se lamenter; ce sont des chrétiens, après tout!...

LES FUGITIFS, étendant les mains vers Abd-el-Kader.

Ah! ne nous abandonne pas!...

ABD-EL-KADER, à Kéira.

Regarde ces mains suppliantes tendues vers nous... si elles se levaient pour nous maudire, Dieu se mettrait du côté de leurs imprécations!...

KÉIRA.

Écoute les prières, écoute la voix de ta fille, plutôt!...

ABD-EL-KADER.

L'hôte est deux fois sacré quand c'est le malheur qui nous l'envoie... il est deux fois le recommandé de Dieu!...

LES FUGITIFS.

Oh!... grâce!... grâce!...

KÉIRA, voulant entraîner Abd-el-Kader.

Abd-el-Kader!...

ABD-EL-KADER.

Femme, tu veux donc qu'on dise : « Abd-el-Kader, le descendant du Prophète, le voilà qui passe... il a fait de l'hospitalité le complice de la mort...

KÉIRA, de même.

On dira que tu as été père et que tu as sauvé ta fille!...

ABD-EL-KADER, continuant.

« Le voilà qui passe le pourvoyeur des gibets; il a fait de sa maison une ratière, et de l'hospitalité un guet-apens!...

KÉIRA, de même.

On dira que l'enfant passe avant la tribu, et la tribu avant l'humanité.

ABD-EL-KADER, continuant.

« Le voilà qui passe, l'infâme qui a eu peur... son nom était un gage de probité et d'honneur, il en a fait un écriteau d'infamie... l'hospitalité était sa gloire de famille et la dernière vertu de sa race, il en a fait un filet à prendre des martyrs, et sa main est tachée de leur sang !... » (Se redressant.) Non, non !... ma fille elle-même me renierait !...

KÉIRA.

Abd-el-Kader !...

ABD-EL-KADER.

Je connais mon sang, je connais son cœur !...

KÉIRA.

Abd-el-Kader !... Abd-el-Kader !...

ABD-EL-KADER, se reprenant.

Non, je reste !...

(Aïssa arrive, conduite par Georges.)

AÏSSA, se précipitant à travers les soldats.

Mon père !... mon père !...

SCÈNE VIII.

Les Précédents, AISSA, GEORGES.

ABD-EL-KADER.

Ah ! mon enfant !...

KÉIRA.

Ma fille !...

(Ils restent embrassés tous les trois.)

ABD-EL-KADER, la regardant avec amour.

Sauvée !...

AÏSSA, montrant Georges.

Grâce à mon défenseur... grâce à un héros !...

GEORGES.

C'est ma dette de reconnaissance que j'ai essayé de payer, monsieur !...

SEPTIÈME TABLEAU.

ABD-EL-KADER, ému.

Ah! soyez béni!... entre hommes comme nous, inutile de confier à de vaines paroles l'émotion de son âme... (Lui tendant la main.) On met son cœur dans sa main et on le donne!...

GEORGES, lui serrant la main.

Oh!... — Me veux-tu pour soldat?

ABD-EL-KADER.

Au premier rang, à côté de moi!...

(Bruit de coups de feu.)

YOUSEF, accourant.

Maître, les Druses attaquent!...

ABD-EL-KADER.

Les Druses!... ah! maintenant, ils sont trop faciles à vaincre! Aux armes!...

TOUS.

Aux armes! aux armes!...

HUITIÈME TABLEAU.

LES MASSACRES.

Une place publique à Damas. Le sérail à droite. — Nuit au lever du rideau ; des curieux sur les toits des maisons.

SCÈNE PREMIÈRE.

MARTHE, GULNARE, puis MADAME DE MORÉAC, DES SOLDATS.

(Marthe, Gulnare, puis madame de Moréac arrivent effarées ; toutes les rues sont gardées. Agitation partout. On va, on vient ; de temps en temps, au loin, de grandes rumeurs et des coups de fusil.)

GULNARE.
Notre enthousiasme ne les a pas longtemps soutenus.

MARTHE.
Que veux-tu ? Un peuple terrifié par la stupeur et l'épouvante.

GULNARE.
On nous a retenues aux portes de Damas comme pour prolonger nos tortures. Le palais d'Abd-el-Kader doit être de ce côté... Viens, viens...

MADAME DE MORÉAC, arrivant.
Les forces m'abandonnent... Mon Dieu, donnez-moi la force nécessaire pour arriver jusqu'à lui... Oh ! faites que j'embrasse mon fils, mon Dieu... vous me prendrez après !... (S'affaissant.) Non... je ne puis... c'est fini.

MARTHE.
La pauvre femme ! (Courant à elle.) Ah ! Gulnare, c'est ma mère...

MADAME DE MORÉAC, se redressant peu à peu.

Cette voix !... — Mon Dieu, est-ce un rêve ?

MARTHE.

C'est toi que je retrouve en cet état !

MADAME DE MORÉAC, ne pouvant en croire ses yeux.

Ma fille !

MARTHE, lui couvrant les mains de ses baisers.

Ces mains meurtries par les chaînes !...

MADAME DE MORÉAC, de même.

Ma fille !....

MARTHE, de même.

Ces cicatrices !... ces blessures !...

MADAME DE MORÉAC, lui ouvrant ses bras.

Ah ! mais, embrasse-moi donc !

MARTHE.

Ma mère !...

MADAME DE MORÉAC.

Ma fille !... (Elles se jettent dans les bras l'une de l'autre.) C'est bien toi !... (Tendant la main à Gulnare.) Gulnare !... Oh ! je ne me plains plus maintenant ; vous êtes là, je ne souffre plus ! (A Marthe.) Ils m'avaient vendue comme esclave !...

MARTHE.

Ma pauvre mère !...

MADAME DE MORÉAC.

Le travail et le chagrin ont bien vite usé mes forces... le fouet infâme m'a achevée !...

MARTHE ET GULNARE.

Oh !...

MADAME DE MORÉAC.

La fièvre me dévorait !... je ne pouvais plus aller aux champs. Alors n'étant plus bonne à rien, ils m'ont jetée à la porte !... C'était une bouche inutile de moins !... Je me suis traînée par les rues.. j'ai erré dans les campagnes, vous cherchant et vous appelant... et... (Se rappelant.) Ah! je me souviens! (avec égarement) et j'avais pu l'oublier... Ce n'était pas vous que je cherchais!... Chez le gouverneur de Damas... vite... vite!...

MARTHE.

Ma mère!

MADAME DE MORÉAC.

Mais tu ne sais donc pas ce qui se passe là-bas?...

MARTHE.

Oui... des chrétiens...

MADAME DE MORÉAC, l'interrompant.

Non, Georges!

GULNARE.

Georges!

MARTHE.

Mon frère!

MADAME DE MORÉAC.

Oui. Georges... ton fiancé... ton frère...

GULNARE.

Georges, dites-vous? Quel malheur le menace? qu'est-il arrivé? parlez, parlez! Mais non, taisez-vous, il est mort!

MADAME DE MORÉAC.

Non... non...

MARTHE.

Quoi donc, alors?...

GULNARE.

Vous voyez bien que j'étouffe, que je me meurs, madame... Ah! quel que soit son sort, dût-il nous foudroyer... dites-nous la vérité, madame... dites... dites...

MADAME DE MORÉAC.

Depuis deux jours je marche sous le coup de la fatale nouvelle... Il est aux mains du gouverneur de Damas.. arrêté... accusé de meurtre... condamné!...

HUITIÈME TABLEAU.

GULNARE.

Ah!... chez le gouverneur!... chez le gouverneur...Venez... venez!...

(Elles veulent s'éloigner.)

UN SOLDAT, leur barrant le passage.

On ne passe pas.

MADAME DE MORÉAC.

Je cherche mon fils... je veux revoir, je veux embrasser mon fils!...

MARTHE.

Mon frère!

GULNARE.

Mon fiancé!

LE SOLDAT les repoussant.

On ne passe pas : on se bat là-bas.

LES TROIS FEMMES.

Oh! mon Dieu!

SCÈNE II.

Les Mêmes, BEN-YACOUB, puis DAOUB-KAIBAR, LA D'JEMMALA, un Scheikh Druse.

GULNARE.

Ben-Yacoub!

BEN-YACOUB, à part.

Repoussés, battus! Oh! cet Abd-el-Kader! Un tel prestige environne cet homme que, même mes soldats, et les plus résolus, hésitaient à l'attaquer! Allons, c'est une guerre à mort, désormais!... (Il va à la porte du sérail.) Daoub-Kaïbar!...

DAOUB-KAIBAR, paraissant.

Que veux-tu?

BEN-YACOUB.

La D'Jemmala!

LA D'JEMMALA, paraissant.

Me voici!

Les autres...

BEN-YACOUB.

(Les scheikhs se présentent avec Ali-Bey.)

ALI-BEY.

Tous présents! J'ai renoncé à ma place... j'aime mieux la liberté du pillage et de la vengeance!

UN SCHEIKH.

Les Français sont arrivés, ils sont à Beyrouth.

ALI-BEY.

Oui, par Hackem! ils y sont, ces giaours... et la mer ne les a pas engloutis!... ils se dirigent à marches forcées vers Damas.

BEN-YACOUB.

Ils arriveront trop tard!... le temps des demi-mesures est passé... Il ne s'agit plus de tueries dans les montagnes ou dans les plaines... Non... il faut que les villes s'en mêlent, et Damas, la ville sainte, donnera l'exemple!

DAOUB-KAÏBAR, tressaillant.

Damas?...

BEN-YACOUB.

Où de bonnes troupes ottomanes sont campées... tu as promis leur concours; nous y comptons.

DAOUB-KAÏBAR.

Moi!...

BEN-YACOUB.

Nierais-tu?

DAOUB-KAÏBAR.

Un massacre au grand jour?

BEN-YACOUB.

Au grand soleil.

DAOUB-KAÏBAR.

Tu veux donc me compromettre?...

BEN-YACOUB.

Peut-être.

DAOUB-KAÏBAR.

Hein?...

HUITIÈME TABLEAU.

BEN-YACOUB.

Ta tête n'est pas plus sacrée que la mienne! (Aux scheikhs.) Que chacun se rende au quartier chrétien : à la même heure, au même signal, le cimeterre et le pistolet au poing, et le feu à la ville!

LES TROIS FEMMES, à part.

Mon Dieu! mon Dieu!

ALI-BEY, à Ben-Yacoub.

Quel sera le signal?

BEN-YACOUB, aux scheikhs.

Trois coups de canon tirés de la grande caserne fortifiée.

DAOUB-KAÏBAR.

Comment, de la caserne?

BEN-YACOUB.

Tu y commandes en maître; tu te chargeras de ce soin.

DAOUB-KAÏBAR, à part.

Où me suis-je fourré?...

BEN-YACOUB.

On rabattra les fugitifs de ce côté... (A Daoub-Kaïbar.) Ils viendront te demander un asile dans le sérail... tu les accueilleras... la besogne sera plus vite faite là qu'ailleurs.

DAOUB-KAÏBAR.

Ensanglanter le sérail!... mais pas un musulman n'oserait...

BEN-YACOUB.

Ceci nous regarde! (A Ali-Bey.) Voici ta consigne, à toi : tu suivras Daoub-Kaïbar comme son ombre... s'il refuse de faire tirer les trois coups de canon, tu lui répondras par trois coups de poignard dans le cœur; au refus d'ouvrir le sérail une bonne balle dans la tête.

ALI-BEY.

Ce sera fait.

BEN-YACOUB, à Daoub-Kaïbar.

C'est entendu ?

DAOUB-KAÏBAR.

Je demande une heure...

BEN-YACOUB.

Soit, une heure. (Aux autres.) A nos postes !

(Ils sortent.)

DAOUB-KAÏBAR, à Ali-Bey.

Il est exagéré, ce Ben-Yacoub... Tu ne peux pas prendre au sérieux sa recommandation ?...

ALI-BEY.

Essaie de nous trahir, tu verras !

DAOUB-KAÏBAR, à part.

Où me suis-je fourré ? où me suis-je fourré ?

(Ben-Reschid accourt suivi de soldats maronites.)

SCÈNE III.

LES PRÉCÉDENTS, BEN-RESCHID

BEN-RESCHID, entrant en scène.

Daoub-Kaïbar !... Daoub-Kaïbar !...

MARTHE, à sa mère et à Gulnare.

Ben-Reschid !... il nous protégera.

BEN-RESCHID, sans les voir, à Daoub-Kaïbar.

On aperçoit du haut des murailles des Druses armés qui se précipitent vers Damas !

DAOUB-KAÏBAR.

Ce sont peut-être de nouveaux fugitifs chrétiens qui viennent demander l'hospitalité à Abd-el-Kader ?

HUITIÈME TABLEAU.

BEN-RESCHID.

Non, ce sont les massacreurs du Kesraouan... mais tu peux encore sauver les chrétiens de Damas.

DAOUB-KAÏBAR.

Comment ? Que veux-tu que je fasse ?... contre des tribus formidables, que pourrait faire la poignée d'hommes dont je dispose ?

BEN-RESCHID.

Si les Druses sont trop nombreux pour que tes soldats leur résistent... ton artillerie suffit à les balayer avant même qu'ils aient pu atteindre aux portes de la ville.

DAOUB-KAÏBAR.

Mon artillerie? tu le veux aussi ?... eh bien! soit. (A part.) C'était écrit !... (A un officier, en lui donnant un papier.) Aux artilleurs de la grande caserne... ordre de repousser et de mitrailler les Druses s'ils ne rebroussent pas chemin. (Bas à l'officier.) Trois coups de canon, et pas un de plus, et toujours à poudre !

(L'officier sort rapidement.)

DAOUB-KAÏBAR, à Ben-Reschid.

Es-tu satisfait ?

BEN-RESCHID.

Tu te devais cela à toi-même.

GULNARE, bas à Ben-Reschid.

Défiez-vous de cet homme, c'est un traître !

BEN-RESCHID.

Il tiendra la parole qu'il vient de me donner, si ce n'est par loyauté, ce sera par peur... Les Français marchent sur Damas. (Apercevant les deux autres femmes.) Madame de Moréac!... Marthe!...

MADAME DE MORÉAC.

Mon fils, monsieur !... mon fils, qu'est-il devenu ?...

BEN-RESCHID.

Il vit, Abd-el-Kader l'a sauvé.

LES TROIS FEMMES, levant les mains au ciel.

Ah !...

BEN-RESCHID.

Il commande une poignée d'Algériens qu'il a fanatisés par son courage. (Coup de canon. — Ben-Reschid avec joie.) Enfin !

LES TROIS FEMMES, avec terreur.

Ah ! le massacre recommence !...

BEN-RESCHID.

Le massacre, non, la délivrance !...

(Deuxième coup de canon.)

GULNARE.

C'est le signal du meurtre !

(Troisième coup de canon.)

LES TROIS FEMMES.

Nous sommes perdues !...

BEN-RESCHID.

Nous sommes sauvés !...

LES TROIS FEMMES.

Ecoutez !...
(Coups de feu dans la ville ; cris : Aux armes ! aux armes ! Mort aux chrétiens !)

TOUS.

Oh !...

SCÈNE IV.

(Le tumulte augmente, les fuyards se précipitent sur la scène.)

UN FUYARD, à Daoub-Kaïbar.

Sauvez-nous... un asile... un asile !...

BEN-RESCHID, montrant le sérail.

Daoub-Kaïbar, si tu n'es pas un tigre à face humaine, ouvre ces portes à ces malheureux.

HUITIÈME TABLEAU.

DAOUB-KAÏBAR.

Les leur ouvrir!... Mais les musulmans, dans leur fureur, ne respecteront rien, et ces portes ne peuvent se défendre seules!

BEN-RESCHID.

Tu as des soldats?...

DAOUB-KAÏBAR.

Ils n'obéiront pas... le trésor ottoman est à sec... Ils ne sont pas payés...

BEN-RESCHID.

Tu veux de l'argent?... allons, tiens!... tiens!.. prends... Sauve ces malheureux!...

(Il lui donne de l'argent.)

DAOUB-KAÏBAR, à part.

De l'or!... ils ont leur trésor sur eux!... (haut.) Ce n'est pas assez.

TOUS, de même.

Tenez!... tenez!... Sauvez-nous!...

DAOUB-KAÏBAR, à part.

Je me compromettrai pour quelque chose au moins.

BEN-RESCHID, aux femmes.

Vous serez là en sûreté!...

MADAME MORÉAC.

Oui, mes enfants, entrez... je vous rejoins... je vais à la recherche de Georges....Je reviendrai, je reviendrai!

DAOUB-KAÏBAR.

Ouvrez les portes du sérail!

GULNARE.

Entrons!...

(Après que la moitié est entrée.)

DAOUB-KAÏBAR, à part.

J'ai demandé trop peu. (Haut.) Assez... assez... Fermez les portes!

BEN-RESCHID.

Monstre!... C'est ainsi que tu tiens ta promesse... une promesse payée au poids de l'or!... Eh bien! tes victimes ne mourront pas sans être vengées!...

(Il va pour se jeter sur Daoub Kaïbar. Ali Bey lui tire un coup de pistolet; il tombe. Arrive la D'Jemmala suivie d'une bande d'assassins.)

LA D'JEMMALA.

Bien tiré, Ali-Bey!.... (A ses hommes.) Sus aux chrétiens!..... la malédiction des giaours, c'est la bénédiction de Dieu!... Au sérail!... au sérail!...

DAOUB-KAÏBAR.

J'ai juré de défendre ces chrétiens.

BEN-RESCHID, se redressant, à la D'Jemmala.

Songe que tu es musulmane, et que le sérail est un asile sacré pour les vrais croyants?

LA D'JEMMALA.

Il n'y a pas d'asile sacré pour les ennemis de Dieu!... Au sérail!

BEN-RESCHID.

Daoub-Kaïbar, tu dois défendre cette porte, non-seulement pour ton honneur, mais pour mettre à couvert l'avenir et la sûreté de la Turquie... l'Europe entière s'armerait pour vous punir.

BEN-YACOUB, entrant avec ses soldats, à Daoub-Kaïbar.

Passage, passage!

DAOUB-KAIBAR, bas.

Il faut que j'aie l'air de résister.

BEN-YACOUB.

Arrière! (Aux siens.) Dispersez ces soldats.

(On refoule les soldats de Daoub-Kaïbar; Ben-Yacoub et ses égorgeurs entrent.)

HUITIÈME TABLEAU.

LA D'JEMMALA.

Achevons notre œuvre!
(Elle se précipite avec ses assassins dans le sérail. On entend des cris, des prières, des gémissements.)

BEN-RESCHID.

Ah! Dieu m'épargne le spectacle de ces dernières horreurs... Je meurs... oh! race d'Othman, sois maudite!

(Il meurt.

UN SCHEIKH, accourant.

Abd-el-Kader et ses Algériens nous attaquent!

ALI-BEY.

Abd-el-Kader!... A moi d'en finir avec lui.
Les victimes sortent tumultueusement du sérail avec des cris épouvantables; elles se défendent encore; les uns leurs femmes ou leurs filles, les autres leurs enfants nouveau-nés qu'elles pressent sur leur cœur. Arrive Gulnare poursuivie par Ben-Yacoub.)

MASSACRE.

SCÈNE V.

GULNARE, BEN-YACOUB.

GULNARE.

Horreur!... horreur!...

BEN-YACOUB.

Tu as été le désespoir de ma vie.. je serai la fatalité de la tienne!...

GULNARE.

Au secours!... au secours!...

BEN-YACOUB.

Tu ne peux être à moi... tu ne seras à personne, tu vas mourir!...
(Il lève son yatagan pour lui percer le cœur ; Georges apparaît en ce moment.)

GULNARE.

Oh! grâce!...

BEN-YACOUB.

L'amour... c'est la haine!... Dieu même ne te sauverait pas... tu vas mourir!...

GEORGES, lui tirant un coup de pistolet.

Misérable!

BEN-YACOUB, tombant.

Ah!

GULNARE, perdant la tête.

Ah! mon Dieu!

BEN-YACOUB se relevant.

Vous mourrez tous deux alors!

GEORGES, le poignardant.

Pas encore!

BEN-YACOUB, retombant.

Ah!... (Mourant.) Je ne tomberai pas vivant dans leurs mains.

GULNARE, perdant la tête.

Marthe est morte!... elle est morte!...

GEORGES, soutenant Gulnare.

Marthe!

GULNARE, retenant Georges.

Et ils ont voulu me tuer!... (Regardant devant elle.) Ah! le voilà!... son cheval sanglant écrase sous ses pieds des femmes agonisantes!... Ah! il m'a vue! ne me quitte pas!... ne me quitte pas!... je suis entourée de cadavres... leurs têtes livides se soulèvent... leurs bras glacés s'étendent... ils prononcent tous un même nom... Ben-Yacoub!... ils montrent tous le même homme, notre bourreau, Ben-Yacoub!... Ah!... ne me quitte pas!... ne me quitte pas!
(En prononçant ces derniers mots avec une fièvre convulsive, ses forces se sont épuisées... elle tombe sans mouvement.)

GEORGES.

Ah!

HUITIÈME TABLEAU.

MADAME DE MORÉAC, revenant.

Georges!... Ah!... enfin!... Cherchons ta sœur et fuyons!... (Montrant le sérail.) Elle est là, attends!

(Elle se dirige vers la porte du sérail.)

GEORGES.

N'entre pas... n'entre pas!...

MADAME DE MORÉAC.

Des mains sanglantes sur la porte!... du sang sur le seuil... Que s'est-il donc passé?

(Elle entre dans le sérail.)

GEORGES.

Ma mère!... ma mère!...

MADAME DE MORÉAC, revenant.

Ah! ma fille!... ils l'ont égorgée... ils l'ont tuée!... Les misérables!... les misérables!... Georges!... Georges!... (Tombant en sanglotant sur son épaule.) Elle est morte!... elle est morte!... elle est morte!...

GEORGES.

Il n'y a donc pas de justice là haut!..

LES CHRÉTIENS, avec joie.

Abd-el-Kader! Abd-el-Kader!...

(Abd-el-Kader paraît à cheval à la tête de ses Algériens.)

SCÈNE VI.

LES PRÉCÉDENTS, ABD-EL-KADER.

ABD-EL-KADER montrant Ali-Bey, Daoub-Kaïbar et les autres.

Garrottez-les.

DAOUB-KAÏBAR.

Je demande des juges... je veux être jugé!

(On le garrotte.)

ABD-EL-KADER.

Maintenant plus de représailles... plus de vengeance!... plus de sang!... Laissez faire à la justice, son heure est venue...

DAOUB-KAÏBAR, à part.

La justice!... je suis sauvé!

TOUS.

Vive Abd-el-Kader!...

ABD-EL-KADER.

Non... vive la France!!! (On entend le tambour.) La voilà qui parle, espérez.

TOUS.

Vive Abd-el-Kader! Vive la France!!

FIN.

PARIS IMPRIMERIE DE WALDER, RUE BONAPARTE, 44.

www.ingramcontent.com/pod-product-compliance
Lightning Source LLC
Chambersburg PA
CBHW060138100426
4274CB00007B/830